U0066898

李後主的人生哲學

——浪漫人生

享受主的人生哲學

《中國人生叢書》前言

中國聖賢是一個神聖的群體。他們是思想智慧的化身，道德行為的典範，進取成功的象徵。他們或者以自己的思想學說影響歷史，併構成民族性格與靈魂；或者他們本身即親身創造歷史，留下光照千秋的業績。

但歲月流轉，時代阻隔，語言亦發生文句變化。更不用說人生代代無窮已，歷來學問家詮釋演繹聖賢學說，形成衆多門戶相左的學派，同時又相應神化聖賢事跡。於是，聖賢便高居雲端，使常人可望不可及，只能奉為神明，頂禮膜拜。

然而，消除阻隔，融匯古今，無論學問思想，或者智勇功業，如此二者常常並不是分離的，且必然是人生的，為社會人生而存在的。這就是聖賢學說、智略、勇氣、運籌、奔走、苦鬥，成功的經驗，失敗的教訓，乃至道德文章，行為風範，也體現為一種切實的人生。因為聖者賢者也是人。

這是一種存在，無須多說甚麼。但存在對每一個人並不意味著親切，也不意味著自覺。我想聖賢人生與我們這些凡夫俗子的人生加以聯繫。聖賢不正是一個凡夫俗子，經許多努力，經許多造就，才成其為聖者賢者的嗎？

當然還有一個重要方面，時世使然矣，這就是歷經漫漫千年的中古時代，又歷經憂患求索的百年近代，世界文化已在衝擊中國人的生存方式。該如何確立中國人的人生路，我總認為無論是作為一種一脈相承的文化淵源，還是作為一種參照與啟迪都莫如了解中國聖賢人生，莫如將我們平凡的人生從聖賢人生與學說找到佐證，找到圭臬。所謂古人不見今時月，今月曾經照古人。正是由此理解，由此思忖，我嘗試撰寫了《莊子的人生哲學》，問世以來即引起讀者的關注與歡迎。並且成為我組織一套《中國人生叢書》的直接引線。

我大致想好了，依然如《莊子的人生哲學》一樣，一書寫一聖賢人物。我還不揣譾陋，以我的《莊子的人生哲學》為範本，用一種隨筆的文體與筆調，古今結合，史論結合，聖賢人生與凡生結合，我還要求每一位作者對他所寫的聖賢人物，結合自己的人生閱歷對聖賢寫出獨特的人生體驗。我請了我的多位具卓越才識的朋友，他們都極熱心地加盟這套書的寫作，並至順利完成。

現在書將出版了，我需感謝我的朋友們，感謝出版社，希望更多的讀者喜歡他。

揚帆

《中國人生叢書》前言附語

《中國人生叢書》原先所寫的對象具為中國歷史上聖賢人物的人生哲學，如老莊、孔、孟等。因之《中國人生叢書》前言亦是交代這一部分書若干種的來由。

實際「中國人生」是一個涵蓋更為豐富廣闊的概念，這是明白的。因之，揚智文化事業股份有限公司的葉忠賢先生擬擴大它的規模，至少在內涵上應與「中國人生」更相符合些，這是自然的。無論是循名責實，還是作為實業上的某種建樹，出版者這樣想都是順理成章的。當然，從讀者這方面考慮，中國人文史漫漫數千年，寫人生哲學也不應只有這幾位聖賢人物，應該給讀者更廣闊的視野，更寬廣的精神空間。此亦情理之中的事。如此，本叢書又引進《曹操的人生哲學》、《李白的人生哲學》、《孫權的人生哲學》等諸種，相應說明如下：

全部。

1.原來《中國人生叢書》聖賢諸種再加現在諸種，即為《中國人生叢書》的全部。

2.後續所加人物，其人生品格與聖賢是有差別的，這一點不言自明。

3.為保持此叢書的形式統一，前言不變，特加此「附語」加以說明，亦祈讀者諸君明鑑。

揚帆

於廣濟居

目錄

藝術人生 085

文學之旅 133

精神家園

千古評說 233

附錄：歷代詠李後主絕句小輯 290

話說李後主——「自是人生長恨水長東」！

林花謝了春紅，太匆匆。無奈朝來寒雨，晚來風。
胭脂淚，相留醉，幾時重？自是人生常恨水長東。

——李煜《同調》

南唐昇元元年（公元九三七年），農曆七月初七，是中國民間傳統的「乞巧節」。這一天，在長江之濱古城金陵的吳王府裡，一個幼小的生命降臨來到了人間。他就是被後世稱爲「絕代才人、薄命君王」的傑出詞人—李煜。

李煜，字重光，初名從嘉，登上南唐君位後始改名爲煜。在南唐有國的三十九年歷史中，一共有過三位國主。第一位李昇在位六年，廟號烈祖，史稱先生。第二位李璟在位十八年，廟號元宗，史稱嗣主，又稱中主。第三位李煜在位十五年，國亡於宋，故史稱後主。沿用下來，人們也就習慣於稱他爲「李後主」。

李後主兼有亡國之君與傑出詞人的雙重身份。究竟是傑出詞人的性情導致了他成爲亡國之君的悲劇下場呢，還是亡國之君的人生經歷造就了他作爲傑出詞人的藝術輝煌？要弄淸其間的是非因果，還是要先回顧歷史。

南唐立國

公元九〇七年，唐王朝在黃巢起義激起的社會大動盪中宣告覆滅。在隨之而來的半個多世紀的歲月風雲中，北方中原地帶先後建立起後梁、後唐、後晉、後漢、後周等五個短命的王朝。這五個小王朝的存在短的只有數年，長的也不過十餘年。而在同一時期的南方，則先後分別建立了吳、南唐、前蜀、後蜀、吳越、楚、閩、南漢、南平諸國。加上太原的北漢政權，共十國。所以這一時期，歷史上就稱作「五代十國」。

南唐是十國中的一國，它的首府是金陵。

南唐的開國之主李昪，出身貧寒。關於他的姓氏、家世及出生地點，史書記載各異。這也說明他出身的卑賤，以至於連這些基本的情況都弄不準確了。李昪在六歲時死去父親，八歲時母親去世。他成爲孤兒後，只能寄身佛寺中，聊且度日。後來，由於偶然的機遇，李昪被吳國大將徐溫收爲養子。二十二歲時他被任命爲昇州防遏使、兼樓船軍使，從此開始參與吳國的軍政事務。經過長達二十多年的周密策劃與經營，他逐步地掌握了吳國的軍政大權。公元九三七年，他接受了吳國末代皇帝楊溥的禪讓，即位稱帝。改國號爲唐，史稱「南唐」。

李昪生於貧賤，長於軍旅，深知戰爭給百姓帶來的苦難。因此在他稱帝後，對內奉行保境安民、休養生息的政策，對周邊的國家則採取和平睦鄰的態度。他時常歎息說：「人生各有父母，爲什麼要爭奪城池土地，使百姓膏血塗於草野呢？」他還主動與疆域毗鄰的吳越國修好關係。南唐昇元五年七月，吳越國都城發生大火，朝廷宮室器械焚燒一空，吳越王錢元瓘受驚嚇後，一命嗚呼。當時，有人建議南唐趁機派兵進攻吳越。李昪拒絕了這種趁火打劫的主張，他派遣使者給吳越國送去了金錢、糧食、布帛之類，以表達慰問之意。

在國內，李昪勤於政務、勵行節儉，又提倡文教，招攬四方人材。所以在李昪執政期間，南唐國勢昌盛，顯示出蒸蒸日上的氣象來。文化的發展，也蔚然居於當時各國的前列，一時「六經臻備，諸史條集，古書名畫，輻湊絳帷。」（《金華子雜編》卷上）史書因此而推崇李昪，說他「息兵以養民，得賢以闢土」，有古代賢君之風云云。

然而，李昪在位僅六年，便因病去世。其長子李璟即位，是爲中主。

中主李璟稟性懦弱，又用人不當。在他執政的近二十年間，朝廷忠奸不辨，黨爭激烈，朝政紊亂無序，國勢因而發生了由盛向衰的轉變。尤其是用兵閩越，軍旅屢興，冬徵夏歛，造成國力的虛耗。至保大十三年（公元九五五年），後周軍隊大舉南侵，南唐乃被迫獻出江北十四州的土地，又宣佈取消帝號，向後周稱臣，成爲了中原的附屬國。經過這一番的挫折，南唐王朝的氣數已衰而未盡。所以南唐亡國的根苗，可以說在李璟時就已經種植下了。

另一方面，南唐的文化藝術卻蓬蓬勃勃的發展著。李璟本人多才多藝，好讀書，他時常創作些詞章作品，「皆出入風騷」。他的詞清雅流麗、宛轉深情，在當時及後世都享有盛名。而宰相馮延巳也是詞苑名家，是五代時詞章創作保留至今數量最多的一人。馮延巳詞中亦有許多豔情之作，然而他寫男女相思而得雋永之趣，顯得純情而雅致。所以近人王國維在《人間詞話》中評價說：

馮正中（馮延巳，字正中）詞，雖不失五代風格，而堂廡特大，開北宋一代風氣。

據馬令《南唐書》記載：

元宗（指李璟）樂府云「小樓吹徹玉笙寒」，延巳有「風乍起，吹皺一池春水」之句，皆為警策。元宗嘗戲延巳曰：『吹皺一池春水』，干卿何事？」延巳曰：「未如陛下『小樓吹徹玉笙寒』。」元宗悅。君王倡導於上，宰輔呼應於下，君臣上下醉心詞采，揣摩華藻，於是共同造成了南唐詞壇的繁榮。

南唐的畫苑也是一派燦爛的景象，可以說名家輩出，極一時之盛。保大五年元日大雪，中主李璟與群臣登樓賞雪、宴飲賦詩，曾集中畫苑名手將此場景繪成圖畫。畫幅中李璟的眞容，是高沖古的手筆；侍臣、樂伎、絲竹，是周文矩的手筆；樓閣、宮殿，是朱澄的手筆；雪竹、寒林，是董源的手筆；池沼、禽魚，是徐崇嗣的手筆。所以這幅南唐君臣賞雪宴飲圖是衆多畫苑國手共同的創作，被譽爲「絕筆」。

南唐畫苑最負盛名的要數董源、徐熙、周文矩、顧閎中等。董源是山水畫的大師，他筆下的畫景迤邐開闊，其間峰巒起伏，雲霧繚繞，溪橋人家，各自顯出古樸天眞的意趣。宋代米芾《畫史》自述收藏有董源畫作「霧景橫披全幅」，其間「山骨隱顯，林梢出沒，意趣高古」。又稱董源所畫山峰「絕澗危徑，幽壑荒迴，率多眞意」，因而又譽爲「近世神品，格高無與比也」。徐熙則是當時花鳥畫的大師。徐熙爲人「識度閒放，以高雅自任」，善畫花木、蔬果。他的大小折枝畫，極受士人喜愛，所畫大枝桃花，謂之「滿堂春色」。他又曾畫叢花疊石，旁邊點綴蜂蟬禽鳥，能傳自然造化之趣。有人將其畫比擬爲「太史公之文，杜少陵之詩」（見沈子丞《五代繪畫概述》），其藝術的造詣與影響便可以想見了。在南唐畫院中，周文矩的職務是翰林待詔，他精於描畫仕女，在當時有《遊春圖》、《搗衣圖》、《繡女圖》等，流傳於世。顧閎中也善於描畫人物，傳世的《韓熙載夜宴圖》便是他與周文矩共同的傑作。

在當時南唐的文化舞台上，還活躍著以韓熙載、李建勳、徐鉉爲代表的著名文人。在動盪分裂、戰亂不休的年代裡，在相對平靜、富庶的江南一隅，他們共同煽起了一股重視文化藝術的風氣，用詩詞、畫畫、音樂共同編織了一副有聲有色、光彩斑爛的花環。

李煜，便是在這種美麗的藝術環境中誕生，並成長起來的。

後主生涯

李煜的一生，大體上可以劃分爲三個時期：前期，即二十五歲繼承君位以前，此時他的身份是王子、太子；中期，即二十五歲至三十九歲，此時他的身份是南唐國王；晚期，即三十九歲至四十二歲突然去世，此時他的身份是大宋王朝的臣虜。

由王子、君主到臣虜，李後主的人生遭遇經歷了巨大的反差。正如唐圭璋在《李後主評傳》中所說：「他身爲國王，富貴繁華到了極點，而身經亡國，繁華消竭，不堪回首，悲哀也到了極點。正因爲他一人經過這種極端的悲樂，遂使他在文學上的收成也格外光榮而偉大。在歡樂的詞裡，我們看見一朵朵美麗之花；在悲哀的詞裡，我們看見一縷縷的血痕淚痕」。

然而富貴繁華也好，悲哀血淚也好，這些都違背了李煜的本願。他的最初的理想，是作一名遠離塵寰、消遙山林的隱逸之士。在《即位上宋太祖表》中，李後主說得很明白：

> 臣本於諸子，實愧非才。自出膠庠，心疏利祿。……思追巢、許之餘塵，遠慕夷、齊之高義。

意思說：當君王並不符合自己本來的志願。自己的理想只是追步巢父、許由的後塵，作一個像伯夷、叔齊式的隱士。他爲自己取了許多別號，自稱「鍾山隱士」、「鍾峰隱者」、「鍾峰隱居」、「蓮峰居士」，省稱曰「鍾隱」。可知他心神嚮往的，完全是超越塵俗的山林生活。

南唐畫家衛賢畫了一幅《春江圖》，李煜在上面題寫《漁父詞》曰：

> 浪花有意千重雪，桃李無言一隊春。
> 一壺酒，一竿身，世上如儂有幾人？
> 一櫂春風一葉舟，一綸繭縷一輕鉤。
> 花滿渚，酒滿甌，萬頃波中得自由。

一葉扁舟、一枝釣竿，逍遙歲月，自在生涯。在對隱逸生活的歌詠中，透露出作者的人生志趣與理想。

然而人事就是如此的舛錯而不可思議：有人處心積慮追逐君位而不得，有人眞心誠意逃避君位而不能。顯德六年（公元九五九年）的九月李煜的長兄、被立爲太子的李弘冀突然因病身亡，李煜立刻便被封爲吳王、以尙書令參政事。建隆二年（公元九六一年），他被立爲太子。不到半年，中主李璟暴病去世，李煜繼位於金陵，成爲了南唐的第三任也是最後一任君主。

登上君位的李煜，他的生活情調是二元的：一方面，享受著富貴繁華；另一方面，經歷著世事憂患。

先看享樂的一面。李後主的宮廷生活無疑是奢華的。他有《浣溪沙》詞曰：

> 紅日已高三丈透，金爐次第添金獸，紅錦地衣隨步皺。
> 佳人舞點金釵溜，酒惡時拈花蕊嗅，別殿遙聞簫鼓奏。

詞中寫的是通宵達旦的歌舞，香爐中不斷地添加著燃燒的香料。舞女們在紅錦地毯上輕盈地跳舞。配合著簫鼓的節奏，她們的舞步時緩時急。舞到急驟時，其中一位舞女的金釵不知不覺滑了下來。而後主呢，他是一邊飲著美酒，一邊欣賞著歌舞。後主的酒已經喝得不少了，有了幾分醉意。他不時地拈起花蕊嗅著，因爲傳說花的清香可以解酒、提神哩！

後主又有《子夜歌》曰：

尋春須是先春早，看花莫待花枝老。
縹色玉柔擎，醅浮盞面清。
何妨頻笑粲，禁苑春歸晚。
同醉與閒評，詩隨羯鼓成。

詞中寫的是在禁苑中賞花、飲酒、流連春光、擊鼓賦詩的生活。傳說唐明皇特別喜愛羯鼓（一種出自匈奴的樂器，又名兩杖鼓），曾在內苑臨軒擊鼓，苑內桃李一時盛開，後世宮中便傳爲羯鼓催花的遊戲。在李後主的筆下，一邊是擊鼓催花，一邊是乘興賦詩，這是多麼閒適自得的享樂啊！

這就是李後主的日常宮廷生活：對酒觀花，流連景物，欣賞樂舞，即興賦詩。他精心佈置了娛樂的場所，盡量裝飾美化生活環境。在後主觀賞歌舞的亭院內，四周用大幅的紅色銷金羅製成幕壁，以白金玳瑁做成裝飾品，又用朱色薄絹製成屏風，又在外面種上梅花，名曰「紅羅亭」。每年的春盛時節，宮中棟梁、窗壁、階砌之間，都用錦繡圍裹起來，密插雜花，以供遊覽，名曰「錦洞天」。在廬山的佛寺中有一簇麝囊花，顏色鮮紫，號曰「紫風流」。李後主派人移栽了數十根，植於殿前，賜名「蓬萊紫」。每年七夕，這既是他的生日，又是乞巧節。後主總愛用紅白綾羅一百多匹裝扮為月宮天河的形狀以供娛樂一夕而罷。

傳說後主宮中所用的香料是特製的：以丁香、沈香及檀麝各一兩，甲香一兩，皆研成粉屑，取鵝梨汁蒸乾焚之，芬芳滿室。在內宮柔儀殿還專門設有「主香宮女」，焚香器皿則有把子蓮、三雲鳳、折腰獅子、容華鼎等數十種，都是金玉製作而成，其奢侈之狀可以想見。又傳說李後主曾讓宮女窅娘以帛繞腳，穿著素襪在六尺金蓮上舞蹈，在蓮花中用纓絡寶物裝點為五色祥雲的形態，因而窅娘旋轉的舞姿便彷彿有了凌雲之態。這一風氣流傳到民間，便成為了纏足的陋習。

在這種富貴、繁華、盡情享樂的另一端則是對於國事的憂傷。事實上，後主即位時南唐的滅亡已經只是一個時間早晚的問題了。在這種形勢下，李後主對於地處中原的宋王朝是步步退讓，盡力委屈求全。即位之始，他就派遣使者北上汴京表示忠誠，說要「惟堅臣節上奉天朝」，「方誓子孫，仰酬臨照」。不久又派大臣入貢，送去了大量的金銀寶器，錦綺綾羅。據《宋史‧南唐世家》記載：

煜每聞朝廷出師克捷及喜慶事，必遣使犒師、修貢。其大慶節，更以買宴為名，別奉珍玩為獻。吉凶大禮，皆別修貢。

爲了表達對宋王朝的恭順，李後主還下令自貶儀制。我國的傳統文化，歷來最重名分，而李煜不避屈辱，自我貶抑。他將國主的詔書改稱爲「敎」，將中書、門下省改稱爲左右內史府，尙書省改稱爲司會府，御史台改稱爲司憲府，樞密院改稱爲光政院，所封諸王一律降稱爲國公。這就取消了南唐政體的獨立性，在精神與心理上向宋王朝完全繳械投降了。最爲荒唐的是，當宋朝派來攻打南唐的大隊軍馬已經出發、亡國在即之際，李後主還派人向宋朝廷獻上了帛二十萬匹、銀二十萬兩，另外以買宴錢的名義獻帛萬匹、錢五百萬，企圖以卑順與退讓換得宋王朝的憐憫，維持南唐社稷的苟且存在。

時局如此，李後主心靈的痛苦也就可想而知了。據《新五代史·南唐世家》說：「煜嘗怏怏以國蹙爲憂，日與臣下酣宴，愁思悲歌不已」。

開寶八年十一月宋朝大將曹彬率領的軍隊攻陷了金陵城南唐政權宣告滅亡。李煜成爲了宋朝的俘虜、降王。這一年，他三十九歲。

歲暮時節，一個陰雨霏霏的日子，李後主率領著已經亡國的南唐公主、后妃及重要朝臣冒雨登舟，作爲俘虜被押往大宋都城汴京。當舟船離岸、駛至江心時，李煜回頭凝視他生活了將近四十年的古城金陵，禁不住流下了眼淚。他寫下了下面的詩：

江南江北舊家鄉，
三十年來夢一場。
吳苑宮闈今冷落，
廣陵台殿已荒涼。
雲籠遠岫愁千片，

雨打歸舟淚萬行。
兄弟四人三百口，
不堪閒坐細思量。

此詩一該是吳讓王楊溥所作。同爲亡國之主，他們的心情、境遇自然是可以相通的。

第二年正月，李後主一行到達了汴京。宋太祖趙匡胤在明德樓主持了受降儀式。爲了表示君王的寬大之德，趙匡胤宣佈赦免了李後主的罪過，賜予他名義上的右千牛衛上將軍的官職，但是同時又給了他一個侮辱性的封號：違命侯。

從一國之君的尊榮華貴突然降爲臣虜的卑賤屈辱，對於李後主是一種難堪的人生體驗。他被幽禁在汴京內的一座小樓上，門口有士兵看守著。事實上，李後主完全喪失了人身的自由，沒有特殊的批准，他不能私自會見賓客。日常的生活只能是借酒澆愁。據曾慥《類苑》五十二引《翰府名談》：

江南李主務為長夜飲，內日給酒三石。藝祖（指宋太祖趙匡胤）敕不與酒。

奏曰：「不然何計使之度日」？乃復給之。

「何以解憂，唯有杜康」。如果連每天三石酒都不供給，幽囚中的李後主靠什麼度日子呢？

又據《宋史·南唐世家》：

太平興國二年，（李）煜自言其食，詔增給月俸，仍賜錢三百萬。

此時的李後主已經完全失去了昔日豪奢的氣派，淪落到靠乞求賞財以維持生計的地步。這對於他的脆弱而又敏感的心靈，是怎樣的一種折磨呢？

最令後主離堪的自然是他的愛妻小周后所受到的屈辱遭遇。小周后於開寶元年被立爲南唐國后，隨李後主入宋後，封鄭國夫人。宋人王銍《默記》一書記載：每次小周后隨命婦入宮，必得數日方能出宮，而出宮後又必定大哭大罵一場。宋人於是畫有一幅《熙陵幸小周后圖》（熙陵指宋太宗趙光義），元人馮海粟題詩曰：

江南賸有李花開，

也被君王強折來。

這種羞辱與痛苦，對於李後主是絕對不能忍受的。結果是，入宋後兩年又七個月，他就在汴京悲慘地死去，年僅四十二歲。

李後主的死宣告了一個悲劇故事的結束。它所寄寓的人生意義還有待人們去體味、去思索、去探求。

人生態度

李後主自幼受著儒家思想的教育與藝術的薰陶，長大以後又篤信佛教。他的人生理念，便同時容納了儒家的仁厚、佛法的慈悲與藝術家自由超越的精神。在人生態度上，則表現爲重視社會倫理、講求眞誠自然以及寬容不爭的處世風範。

李煜十分孝順父母，尊敬長輩。他的父親李璟因病去世，他恪盡爲子之道，「居喪哀毀，杖而後起」。（《十國春秋》卷十七，《南唐本紀三》）他的母親鍾氏病重時，他早晚在旁侍候，衣不解帶。母親所用的藥物，都要經過他親嚐之後再呈上。母親去世，他更是極爲悲痛。所以史書稱讚李後主「天性純孝」，而《墓誌銘》說他「奉蒸嘗、恭色養，必以孝（祭祀先祖，侍奉父母，恭敬和悅，遵守孝道）；事耆老、賓大臣，必以禮（對待高壽的長者，接見大臣，態度上都符合禮數）。」

在對待兄弟的關係上，後主的情感也是極爲眞摯的。他本來無意於君位，當上南唐國主後，對於手足之情更是看重。開寶初年，其胞弟李從鎰出鎭宣州，後主率領近臣爲之餞行，作有《送鄧王二十六弟牧宣城亭》其首曰：

秋山滴翠，秋江澄空。
揚帆遠征，不遠千里。
之子于邁，我勞如何！

接著，李煜又以兄長兼國君的身份對於胞弟一番規勸與教誨。他說：

夫樹德無窮，太上之宏規也；
立言不朽，君子之常道也。

這是十分明確的提倡儒家立德立言的人生價值觀。《左傳》（襄公二十四年）曰：「太上有立德，其次有立功，其次有立言。雖久不廢，此之謂不朽。」李煜的理想，也正在遵循儒家的倫理規範，實施清正愛民的社會政治，同時保持個人立身品節的端正純粹。所以他具體指示說：「無論民風強悍還是柔弱，只是有慈愛之心百姓就會誠心歸順；官吏無論廉正還是貪鄙，只要加強教導他們就能夠一致向善。刑罰是政治的根本，一定要親自處理；政治關係到百姓的生存福祉，一定要清明公正。如果執政大公無私，統率下屬，奸邪諂佞的現象就自然消除了；對於善惡的用心一目了然，又怎麼會混淆是非、顛倒黑白呢？」他又告誡說：「要經常練習武功，把武將應該具備的美德（指勇、智、仁、信、忠，謂之「五材」）牢記在心；要知道學習是爲了滋潤自身的德行，所以一定要抓緊空閒時間（指三餘；冬爲歲之餘，夜爲日之餘，陰雨爲時之餘），努力學習。不要飲酒無度，失去檢束；不要荒於遊樂，放蕩不羈」。

從這些話可以看出，李後主其實很希望用聖賢之道來修身、齊家、治國的。

他還有詩爲胞弟從鎰送行——

且維輕舸更遲遲，
別酒重傾惜解攜。
浩浪侵愁光蕩漾，
亂山凝恨色高低。
君馳檜楫情何極，
我憑闌干日向西。
咫只煙江幾多地，
不須懷抱重淒淒。

餞行的地點在綺霞樓，一些朝臣也遵旨賦詩。徐鉉詩云「滿座清風天子送，隨車甘雨郡人迎」，一時傳爲佳句。

後主還有一個胞弟從善，曾封鄧王。此人器度闊大，尤其喜愛武功，在政治上很想有一番作爲。建隆初年，朝臣鍾謨曾經上書中主，批評李煜「器輕志放，無人君度」，而極力推崇從善的才能，意在擁立從善爲國君。此事雖然沒有成功，但是中主李璟心中對從善頗存好感。李璟剛去世時，從善又向有關大臣私問遺詔，遭到嚴辭拒絕。按照封建政治的邏輯，從善屬於有覬覦皇位的野心，應當嚴密防範的對手。而李後主稟性仁愛，仍然待以手足之情，親密無間，毫不在意。

開寶四年，從善被派遣前往汴京奉獻貢物。宋太祖趙匡胤任命從善擔任宋朝官職，並強迫他留住汴京，不准回到金陵。後主多次上書宋太祖，請求讓從善歸國，都不被批准。李後主因此而傷懷不已，他常常登高北望，淚下霑襟。宮中的四時遊賞宴會，也都因此而取消了。在重陽節臨近時，左右侍臣建議登高觀賞秋色，李後主特地寫了《卻登高賦》以爲答覆。賦中寫道：

原有鴒兮相從飛（鴒即鶺鴒，水鳥名。鴒原，喻兄弟友愛。《詩經•小雅•常棣》：「脊令在原，兄弟急難」），嗟予李兮不來歸（季，幼弟，指從善）。空蒼蒼兮風淒淒，心躑躅兮淚漣洏（躑躅，心緒不安，徘徊不前。漣洏，淚流不止）。無一歡之可作，有萬緒以纏悲。

可以想見後主的性情，他確實是一個宅心忠厚、很重感情的人。即使是在政治上曾經構成威脅的人，他也能以眞摯自然的態度化解其間的芥蒂，絕不因爲世俗的權力糾紛去傷害自己的手足。

李後主對待夫妻緣份也是情眞意摯的。南唐保大十二年（公元九五五年），十八歲的李煜娶娥皇爲妻，是爲大周后。娥皇是司徒周宗之女，她不僅容貌美麗，而且具有聰慧的心靈與高雅的氣質。婚後的生活是甜蜜的，後主後來回憶說：

昔我新婚，
燕爾情好。
執子之手，
與子偕老。

娥皇既擅長書史，又精通音樂，所以他們共處的生活充滿了藝術的情調。當娥皇重病時，李煜以國主之尊，日夜守護在旁，「服不解體者累夕」。娥皇去世後，後主悲感萬分，他親筆撰寫了《昭惠周后誄》。誄文中描寫了愛妻留給自己的美好印象，傾訴了籠罩在心頭的無窮無盡的悲痛——

我思姝子，
永念猶初。
愛而不見，
我心毀如。

＊＊＊

雙眸永隔，
見鏡無波。
皇皇望絕，
心如之何！

＊＊＊

暮樹蒼蒼，

哀摧無際。

歷歷千歡，

多多遺致。

總之，愛妻已經永遠離他而去了，留給他的只有如焚的憂傷（「我心燬如」），望不盡的悵惘（「皇皇望絕」，「皇皇」通「惶惶」），以及對於往事纏綿無窮的回憶（「多多遺致」）。

開寶元年，復立娥皇之妹爲國后，習慣上稱她爲小周后。小周后的性格，史籍說是「警敏有才思，神彩端靜」（馬令《南唐書》）。她從小就深得李煜之母聖尊后的喜愛，時常出入禁宮，與李煜在婚前就有過密切的接觸。馬令《南唐書》稱：

（小周后）自昭惠（指娥皇，謚曰昭惠后）殂，常在宮中。後主樂府詞有「衩襪下香階，手提金縷鞋」之類，多傳於外。至納后，乃成禮而已。

又陸游《南唐書》記載說：

（小周后）被寵過於昭惠時。后主與群花間作亭，雕鏤華麗而極迫小，僅容二人。每與后酣飲其中。

李煜與小周后一起度過了一段富貴奢華的歲月，入宋後又一起承擔了那種卑賤屈辱的生活。在李後主去世的當年，小周后也不勝悲傷，憂鬱而死。

李煜對待父母、兄弟能恪守孝悌的原則，在夫妻之間能待之以眞情，已如上述。在平時他也注重道德倫理的提倡。徐鉉在《墓誌銘》中說：

（後主）常以為周礼之道不可暫離，經國化民，發號施令，造次於是，始終不渝。……本以惻隱之性，仍好竺乾之教。草木不殺，禽魚咸遂。

「竺乾之教」即佛教。所以後主儒家眞誠、仁厚的處世態度中，又揉和了佛門慈悲的目光與胸懷。龍袞《江南野史》記載說：在宋王朝的軍隊包圍金陵時，後主令城中僧俗、軍士誦念「救苦觀音菩薩」。南唐將領盧絳俘虜宋軍士兵百人，其中多受重傷者，「後主哀之，給飲食藥餌」。在這些俘虜的創傷治癒後，又在夜間放他們出城。作者就此評論說：

其人茫昧如此，不亡何俟！

在今天看起來，這種「茫昧」是意味深長的。它與李後主所受的文化素養、氣質以及藝術化的個性有著密切的關係。

藝術實踐

李後主是具備藝術性靈的人，他是一位才能廣泛、成績卓著的藝術家。

後主對於藝術的鍾愛，除了所受家庭及社會文化的薰陶之外，還由於其個人的性格因素。他自幼好讀書，畢生喜愛書法、繪畫、音樂、歌舞，以及詩詞藝術。布置美的氛圍、欣賞美的旋律、創造美的藝術、陶情美的樂章，幾乎成了他畢生的精神寄託與追求。

後主善於書法。他初學柳公權，後來逐漸形成了自己的書體。依據親眼目見後主作品的人們評述，他的書法當屬筆鋒瘦硬、富於力度、變動不居的風格。字形或大或小，大者如同截斷的竹木，小者如同聚攏的針釘，又如同寒松霜竹的蒼勁有力。愛用顫筆，在樛曲波折之中，透露出道勁的風神。在當時，人們稱李後主的書法爲「金錯刀書」，又名「撮襟書」。

李後主對於書法理論也有著深入探討。其貢獻主要在三個方面：一曰續《筆陣圖》，二曰傳撥鐙法，三曰書法評論。

《筆陣圖》是我國古代的書法名著，作者一云衛夫人，一云王羲之，又一云羊欣。大意以紙爲軍陣，以筆爲兵器，以心意爲主將，而以結構爲謀略，故曰「筆陣」。又以筆劃作比喻：

一，如千里陣雲，隱隱然其實有形；

丶，如高峰墜石，磕磕然實如崩也；

丿，陸斷犀象；乚，百鈞齊發；

丨，萬歲枯籐；㇏崩浪雷奔；

㇇，勁弩筋節。

據《天祿識餘》：「筆陣圖乃羊欣作，李後主續之。今陝西石刻，李後主書也。」至於李後主所續的內容，如今已經不可得而知了。

又有「撥鐙法」，相傳亦創始於衛夫人。傳至唐末時，陸希聲將其要領歸納爲五字筆法，李後主又演爲八字筆法。這種筆法的技巧，有如騎馬者以足尖踏鐙，而臀部離鞍，因此能夠用力隨心、運轉自如，用筆之揮斥推讓如同乘馬者以足尖撥鐙，所以叫做「撥鐙法」。李後主在《書述》一文中，對此法有具體的介紹，使之得以流傳至今。

李後主之書法評論，則帶有他自己的藝術個性，即以審美的態度觀照書法對象，所論雖然未必恰當，而皆主觀之心得體會。如《書述》中說：

壯歲，書亦壯，猶嫖姚（指漢代名將霍去病，十八歲從軍，封剽姚校尉）十八從軍，初擁千騎，憑陵沙漠，而目無全虜。又如夏雲奇峰，畏日烈景，縱橫炎炎，不可向邇，其任勢也如此。

老來，書亦老，如諸葛亮董戎，朱叡接敵，舉板輿自隨，以白羽麾軍，不見風骨，而毫素相適，筆無全鋒。

噫，壯老不同，功用則異。惟所能者，可與言之。

在《書評》一文中，後主又論晉唐書法大家風格之流變得失說：

善法書者，各得右軍（指王羲之，曾任右軍將軍，故名）之一體。若虞世南得其美韻而失其爽邁，歐陽詢得其力而失其溫秀，褚遂良得其意而失其變化，薛稷得其清而失於拘窘，顏真卿得其筋而失於粗魯，柳公權得其骨而失於生獷，徐浩得其肉而失於俗，李邕得其氣而失於體格，張旭得其法而失於狂。獻之俱得之，而失於驚急，無蘊藉態度。

要之，李後主之書法審美，既注重繼承又注重變化，既注重姿態又重視神氣，既注重筋骨亦重意表的自然，既注意內蘊的力量又重視態度的溫秀，既求其美韻俊邁，又要能達到內外相稱，端莊得體。其中的要妙精微，是只能以藝術的心靈去領悟了。

李後主對於繪畫特別懷著一份鍾愛之情。宋時後主畫作的收藏，《宣和畫譜》載御府中有九幅，包括《自在觀音像》、《雲龍風虎圖》、《柘枝雙禽圖》、《柘枝寒禽圖》、《秋枝披霜圖》、《寫生鶺鴒圖》、《竹禽圖》、《棘雀圖》、《色竹圖》，《清河書畫舫》載范庵李貞伯收藏有《江山摭勝圖》，郭若虛《圖畫見聞志》記載有後主畫《雜禽花木》與《竹枝圖》、《客杭日記》載曾見後主所畫《墨戶鴝鵒》，《雲眼過眼錄》記載謝奕修有後主所畫《戲猿》，鄧椿《銘心絕品》記載有後主所畫《蟹圖》，《豫章黃先生文集》載有後主所畫《夢觀世音像贊》，周必大《西山遊記》記載翠崖廣花院有李後主所畫羅漢，周密《武林舊事》記載有李煜所畫的林泉、渡水、人物，米芾《畫史》記載王敏甫收藏有李後主《四時紙上橫卷花》一軸。合計起來，約有二十幅左右。這些自然不會是後主繪畫的全部。從題材看，其中有鳥禽動物，有花卉草木，有山水風光，亦有道釋人物，表現了後主廣泛的興趣。

米芾《畫史》曰：「鍾峰白蓮居士，又稱鍾峰隱居，又稱鍾峰隱者，皆重光（李煜，字重光）自題號，意是鍾山隱居耳。每自畫，必題曰鍾隱。」從這些題號看，繪畫是李後主寄託其隱逸思想、表達藝術情懷的最佳方式之一。

李後主又精通音律，是一位造詣頗深的音樂家。他能自製樂曲，所譜之曲風格不凡。據《五代詩話》卷一引《雁門野記》：

> 南唐後主精於音律，凡度曲莫非奇絕。開寶中，國將除，自撰《念家山》一曲，既而廣《念家山破》……宮中民間，日夜奏之。未及兩月，傳滿江南。

大周后娥皇對於樂舞伎藝也是造詣精深，而又鍾愛有加。她善於彈奏琵琶，亦能自度新曲。有一次雪夜酣宴，大周后舉杯邀請後主起舞，後主則要求娥皇譜寫新曲。史載大周后當場命箋，俄頃譜成，作了一曲《邀醉舞破》。又有《恨來遲破》樂曲，也是大周后的作品。

在李後主的一生中，有一件事最令他懷念、也最使他愜意，就是與娥皇一起整理、修復並排演了大型樂舞《霓裳羽衣曲》。馬令《南唐書》記載曰：

> 唐之盛時，《霓裳羽衣》最為大曲。罹亂，瞽師曠職，其音遂絕。後主獨得其譜。樂工曹生亦善琵琶，按譜粗得其聲而未盡善也。后輒變易訛謬，頗去洼淫。繁手新聲，清越可聽。

李後主與周娥皇夫婦在得到《霓裳羽衣曲》殘譜後，經過了一番認眞細緻的工夫。他們按譜尋聲，補綴缺損，配舞演出，終於使得湮跡多年的一代名曲以新的風貌重現於南唐宮廷舞台之上。

最重要的是李後主的詞章藝術，因爲他是那個時代最傑出的詞人。

李後主的詞，無論前期還是後期，都能以眞摯的態度面對人生，表達出生命個體赤足踏過人生長河時的心靈感受。他的歡樂、他的憂傷，當他面對淸純人生的天眞與愜意，當他被激流沖涮時的惶惑與悲哀，如果沒有這些詞章，便只能被永久地埋沒有歷史的積沙之下。而現在，它們卻世世代代地活在千百萬人的藝術體驗中，使人們感受到一顆眞誠的心，實在的跳動，給人們一份欣喜、一份沈思、一份美的感悟。

李後主提昇了詞的藝術品質，深化了詞的情感蘊涵，豐富了詞的表現技巧。因此，他被譽爲「一代詞宗」。

這就是李後主：他愛書法、愛繪畫、愛樂舞，愛好文學詞章。在四十二年的人生歷程中，藝術的光華與精神融化了李後主的生命，李後主則用自己的生命鑄成了一座藝術的豐碑。

文學著述

李後主受著儒家思想的影響，將「立言」著作人生價值的重要標誌。據徐鉉《吳王隴西公墓誌銘》記載：

（後主）精究六經，旁綜百氏。……酷好文辭，多所述作。一遊一豫，必以頌宣。載笑載言，不忘經義。洞曉音律，精別雅鄭。窮先生制作之意，審風俗淳薄之原，為文論之，以續《樂記》。所著《文集》三十卷，《雜說》百篇，味其文，知其道也。

據此，可知後主曾有過一種三十卷本的文集。它可能是南唐詞臣編輯而成，由集賢殿學士徐鍇為之作序。南唐亡國之後，後主的作品大半散佚。宋初修《崇文總目》，止存《李煜集》（一作《李煜集略》）十卷。陳振孫《直齋書錄解題》，亦載有《李後主集》十卷，注明「江南國李煜重光撰」。可知三十卷本已經失傳。《宋史·藝文志》、馬端臨《文獻通考》亦分別著錄有《李煜集》十卷。此後，這種十卷本的文集也未見於公私書目的著錄了。

所以從總體上看，李後主的詩詞文章散失甚多，保存下來的作品有時也名義混雜。一首小令，時常分題二人乃至數人所作，而學者見解紛紜，使初涉途徑者不易把握。爲了理解的方便，茲將後主之散文、詩歌、詞章創作分別概述於下。

李後主散文之創作

後主的散文作品中，最重要的當數《雜說》百篇。這是李煜仿效曹丕《典論》而寫作的一部專著。它受到當時人們的推許，以爲可以與《典論》相比美。徐鉉爲《雜說》所作序文中，說後主「屬思天人之際，遊心今古之間」，「縱橫毫翰，炳煥縑緗」，所論述「皆天地之深心，聖賢之密意，禮樂之極致，敎化之本源」。

徐鉉舉出《雜說》內容之一是「演《樂記》」：

以為百王之季，六樂（指相傳黃帝、堯、舜、禹、商湯、周武王等六代之樂）道喪。移風易俗之用，蕩而無止；慆心堙耳之聲，流而不反。故演《樂記》

焉。

可知後主提倡音樂教化風俗的功能，而反對流蕩不反的世俗淫樂。

《雜說》內容之二是「論享國延促」：

堯舜既往，魏晉以還，接受非公，爭奪萌起，故論享國延促焉。

後主以爲魏晉以來，立國者出以私心，相互爭奪，忽興忽滅，所以國不能長久。其宗旨是提倡立國爲公的思想。

《雜說》內容之三是「論古今淳薄」：

三正（指天、地、人的正道）不修，法弊（指法令滋彰的弊病）無救，甘心於季世之僞，絕意於還淳之理，故論古今淳薄焉。

後主認爲上古淳厚、季世澆薄、法令繁苛、世風愈僞，主張社會回歸到自然淳樸的狀態。這又汲取了道家的社會理想。

《雜說》內容之四是「論儒術」：

戰國之後，右武賤儒，以狙詐為智能，以經藝為迂闊。此風不革，世難未已。故論儒術焉。

後主提倡儒家的經藝，反對暴力的行爲，反映了他重文輕武的思想傾向。

《雜說》內容之五是「論死生大義」：

父子恭愛之情，君臣去就之分，則褒申生（春秋晉太子，是著名的孝子）、明荀彧（東漢大臣，因反對曹操進爵魏公而飲藥自盡），俾死生大義皎然明白。

後主提倡忠孝，表彰申生爲孝的典型、荀彧爲忠的楷模，二人至死不渝。這反映了他的社會倫理觀。

《雜說》的內容，從上述五題已經可以想見其餘了。它當時分爲三卷，每卷之中又分上下，共計百篇。它是李後主對於社會治亂、人際倫理以及古今學術的論文集。

《宋史·藝文志》載有李煜《雜說》二卷，而明焦竑《國史經籍志》著錄有李後主《雜說》六卷。明代以後，該書失傳。

李後主零散的佚文，如米芾《畫史》所舉王敏甫收藏李後主「四時紙上橫卷花一軸，每時則自寫論物更謝之意文一篇」，今俱不傳。

李後主現存的散文，依據《全唐文》（卷一二八）及《唐文拾遺》（卷十一）的輯錄，有以下諸篇——

1.《即位上宋太祖表》。
2.《乞緩師表》。
3.《不敢再乞潘愼修掌記室手表》。
4.《送鄧王二十六弟牧宣城序》。
5.《郤登高文》。
6.《昭惠周后誄》。
7.《書評》。
8.《遺吳越王書》。
9.《答張泌諫書手批》。
10.《批韓熙載奏》。

11.《書述》。

另外，別見於載錄的，還有對韓熙載之死表示哀悼的《批有司奏》（見徐鉉《唐故中書侍郎光政殿學士承旨昌黎韓公墓銘》），悼念幼子去世的《悼仲宣銘》（見徐鉉《岐王墓誌銘》），又有《賜徐鉉賦茱萸詩手札》（見《五代詩話》卷三引《詩史》）等，亦可以從中看出後主為人的性情。

李後主詩歌之創作

李後主的詩，宋人集為一卷，題為《江南李王詩》。《宋史・藝文志》於「李煜集十卷」之次，亦標明「詩一卷」。《全唐詩》（卷八）收錄李後主詩共十八首，另有斷句十六條。

後主佚詩之名目可考者，有詠春雪詩、詠北苑春宴詩、賦茱萸詩等。今存《徐鉉文集》中有《御製春雪詩序》，稱李建勳等和詩二十一篇；又有《北苑侍宴詩序》，稱頌後主詩「睿思雲飄，天詞綺縟」。徐鉉又有《奉御札賦茱萸詩》、《奉和御製茱萸詩》，《全唐詩》題下注引後主手札云「新酒初熟，偶與鄭王諸公開嘗於清宴堂廡之間……因賦茱萸一題，以遣此時之興。」可惜的是，後主的這些詩俱已散失了。

據《全唐詩》載錄，後主詩現存有以下的篇章——

1.《九月十日偶書》。
2.《秋鶯》。
3.《病起題山舍壁》。
4.《送鄧王二十弟從益牧宣城》。
5.《渡中江望石城泣下》。
6.《輓辭》二首。
7.《悼詩》。
8.《感懷》二首。
9.《梅花》二蒀。
10.《書靈筵手巾》。
11.《書琵琶背》。

12.《病中感懷》。

13.《病中書事》。

14.《賜宮人慶奴》。

15.《題金樓子後》。

其中《渡中江望石城泣下》一作吳讓皇楊溥詩，題爲《泰州永寧宮》。學者中有的認爲是楊溥的詩，有的認爲是李煜的詩。若就詩中「兄弟四人三百口」一句而論，則此詩以李煜所作爲宜，因爲隨同後主被俘北上的正有他的同胞兄弟從益、從謙、從信等人。而楊溥被迫禪位時，其同胞兄弟僅存二人（其中一人是其六弟楊澈，史稱「不知所終」），與詩意明顯不合。

李後主詞章之創作

後主的創作中最重要的無疑是他的詞章，疑義最多的也是他的詞章。從流傳看，後主詞見於宋人著錄有兩本，一是尤袤《遂初堂書目·樂曲類》記錄的《李後主詞》，另一種是陳振孫《直齋書錄解題》中記載的長沙刻本《南唐二主詞》

（一卷）。長沙刻本除了卷首四闋是中主李璟的作品，其餘便都是後主李煜之作了。據學者考證，這個最早的長沙刻本的問世大約是在南宋紹興、紹熙年間的事情，此時上距李後主之死已經是兩個世紀左右了。而這個本子的輯錄與刊行則是出自書坊中人之手，其體例並不嚴謹。明萬歷庚申譚爾進序刻本是現存最早的《南唐二主詞》刊本，所依據的便是這個長沙書坊本。

所以李後主詞始終缺少一個較爲完善的本子。

進入二十世紀以來，對於後主詞的整理與研究一直是詞學領域的熱點，許多前輩學者進行了後主詞佚與辨僞的工作。綜合各家的意見，以下二十八首，可以基本確認是李後主的作品——

1.《虞美人》「春花秋月何時了」。

2.《烏夜啼》「昨夜風兼雨」。

3.《一斛珠》「曉妝初過」。

4.《子夜歌》「人生愁恨何能免」。

5.《臨江仙》「櫻桃落盡春歸去」。

6.《望江南》「多少恨」；又「多少淚」。
7.《清平樂》「別來春半」。
8.《採桑子》「亭前春逐紅英盡」。
9.《喜遷鶯》「曉月墜」。
10.《烏夜啼》「林花謝了春紅」。
11.《長相思》「雲一緺」。
12.《搗練子令》「深院靜」。
13.《浣溪沙》「紅日已高三丈透」。
14.《菩薩蠻》「花明月暗籠輕霧」。
15.《望江梅》「閒夢遠，南國正芳春」；又「閒夢遠，南國正清秋」。
16.《菩薩蠻》「蓬萊院閉天台女」；又「銅簧韻脆鏘寒竹」。
17.《阮郎歸》「東風吹水日銜山」。
18.《浪淘沙》「往事只堪哀」。
19.《採桑子》「轆轤金井梧桐晚」。

20.《虞美人》「風回小院庭蕪綠」。

21.《玉樓春》「晚妝初了明肌雪」。

22.《子夜歌》「尋春須是先春早」。

23.《謝新恩》「金窗力困起還慵」（殘）；又「秦樓不見吹簫女」；又「櫻花落盡階前月」；又「庭空客散人歸後」（殘）；又「櫻花落盡春將困」（殘）；又「冉冉秋光留不住」。

24.《破陣子》「四十年來家國」。

25.《浪淘沙令》「簾外雨潺潺」。

26.《烏夜啼》「無言獨上西樓」。

27.《搗練子令》「雲鬢亂」。

28.《漁父》「浪花有意千重雪」；又「一櫂春風一葉舟」。

以上所列之散文、詩歌及詞章作品，也就是本書分析李後主的文學與藝術成就，進而探討其人生態度及精神寄託的主要依據了。

亂世弱主

四十年來家國，三千里地山河。
鳳閣龍樓連霄漢，玉樹瓊枝作煙蘿，幾曾識干戈。
一旦歸為臣虜，沈腰潘鬢銷磨。
最是倉皇辭廟日，教坊猶奏別離歌，揮淚對宮娥。

——李煜《破陣子》

分久必合，合久必分

中國幾千年年的封建王朝，離不開這種一分一合的歷史循環。春秋戰國天下紛爭，稱王稱霸，後來統一為秦；秦滅之後，楚漢逐鹿，並入於漢；兩漢統治中國四百年，至漢末宦官當道，正人君子禁錮之禍，天下又陷於動亂；繼之以三國鼎立、八王之亂、五胡亂華、南北分裂，不知演出了多少的人間悲劇，然後統一於隋；隋末天下大亂，復歸於唐；唐代治理中國垂三百年，中間亦有過貞觀之治、盛唐氣象，然而終因專制政體的弊病，至唐末時，天下又沸沸騰騰，陷於連綿的戰亂之中了。

戰爭給國家與民族帶來巨大的災禍。韋莊《秦婦吟》描寫道：

長安寂寂今何有，
廢市荒街麥苗秀。
採樵砍盡杏園花，

修寨誅殘御溝柳。
華軒繡穀皆銷散，
甲第朱門無一半。
含元殿上狐兔行，
花萼樓前荆棘滿。
昔時繁盛皆埋沒，
舉目凄涼無故物。
內庫燒為錦繡灰，
天街踏盡公卿骨。

總之，昔日的一切繁華都被摧毀了，一切的秩序都被掃蕩了，人類文明、理性、良知、善意的堤防被戰爭的洪濤沖塌了，堙沒了。普通人民苦難之深重，更是令人欲哭無淚：

家家流血如泉沸，

處處冤聲聲動地。

就算僥倖活下來的人也是骨肉分離、東躲西藏，家財一空，覓食無門：

一身苦兮何足嗟，

山中更有千萬家。

朝饑山草尋蓬子，

夜宿霜中卧荻花。

就在這種戰火連天、刀戈相見的歲月裡，北方走馬燈似地更換了五個朝代，南方則前前後後出現了十來個割據一方的政權。如此紛紛擾擾，又近百年，歷盡篡奪、兵燹、災禍頻仍的古老國度，又將「分久必合」了。

在公元十世紀的後半葉，這種「分久必合」之勢已經開始形成了——

1.公元九六〇年，趙匡胤受禪稱帝，改國號爲宋，遣使遍告各郡國。

2.公元九六三年，宋師南征，南平國（首府江陵）君高繼沖投降，隨之宋軍又平定了湖南全境。

3.公元九六五年，宋師伐蜀，後蜀國主孟昶投降。

4.公元九六六年，南唐遣使約南漢國主劉鋹共同臣事於宋。

5.公元九七一年，宋師滅南漢國，劉鋹被俘虜，平定了嶺南之地。

6.公元九七五年，南唐亡於宋。

7.公元九七八年，割據福建漳洲和泉州的陳洪進上表宋朝，表示歸順。

8.同年，吳越王錢俶上表獻所轄土地，吳越國亡。

9.公元九七九年，宋師進攻太原，北漢國主劉繼元投降。

至此，五代十國的分裂局面宣告結束，中國在經歷長期的動亂之後實現了基本的統一。所以從歷史的大背景看，南唐的滅亡，只是這一歷史進程中的一個環節，是天下「分久必合」的結果。

宋太祖與李後主

公元九六〇年，身爲歸德軍節度使、殿前都點檢（中央禁軍統帥）的趙匡胤發動陳橋兵變，黃袍加身，奪取了天下。他成了宋王朝的開國之主——宋太祖。

一年以後，李煜在金陵即位，成爲了南唐的第三代、也是最後一任國主——李後主。

趙匡胤與李煜抱負不同，性格不同，氣質不同，結局不同。

趙匡胤是位政治家，他是靠著軍事實力與政治手腕登上皇帝寶座的，在他的身上有著亂世英雄的王氣與霸氣。他想到的是如何建立新的王朝，進而統一國家。傳說有探子從蜀中回到汴京，趙匡胤問：「蜀地有何見聞？」探子答道：「成都滿城都傳誦兩句詩：煩暑鬱蒸無處避，涼風淸冷幾時來？」趙匡胤說：「這是蜀中人民盼望我率軍解救他們啊！」

李煜是位藝術家，他想到的是如何的寫字、作畫、吟詠詞章、排演樂舞。他缺乏執政的才能，甚至沒有當君王的興趣。

趙匡胤對於李後主的策略，是胸有定算、先禮後兵。開寶六年，他派使臣到金陵，以「朝廷重修天下圖經，史館獨缺江東諸州」爲名，要李後主獻出南唐地圖。開寶七年九月，又下達《諭李煜朝覲詔》，並多次派使者傳達旨意，要李後主前往汴京。趙匡胤還當面對後主之弟從鎰說：「卿可寫信致意國主（指李煜），勸他來京朝見。他來時，我當親自往亳地迎接，以大府封賞給他。這是彼此相逢的好時機，不要錯過了。」

據《石林燕語》說，宋太祖還在汴京修建了「禮賢宅」。因爲李煜看慣了江南的山水之美，宅中專門修了面積廣闊的園池風景，以等待李後主的到來。

這自然是宋太祖的策略手段，其中有籠絡、誘惑，又不乏逼迫就範之意。

李後主對待宋太祖，則始終是畏懼的。他知道，前往汴京必然有去無歸，就等於亡國。所以他一面上表宋太祖，態度極爲謙卑，語氣極爲恭順，同時又藉口身體有病，拒絕前去朝覲。

宋太祖派去平定江南的大軍出發了。臨行前，趙匡胤對宋軍大將曹彬說：「攻破金陵之時，一定不要大事殺戮。假如戰鬥激烈，不免殘殺，則李煜全家，一定不能傷害！」

趙匡胤要的是南唐的土地和人民，他不是要李後主的性命。

不同的性格氣質，導向不同的命運歸宿：一個是開國雄主，一個是一代詞人。

好一個翰林學士！

傳說李後主被俘虜到汴京，在一次小型宴會上，宋太祖趙匡胤問他說：「聽說卿在金陵時喜歡作詩，能否舉出一聯以供欣賞。」

李後主沈吟了許久，然後念出了他所作《詠扇詩》中的兩句——

揖讓月在手，

動搖風滿懷。

不料趙匡胤笑著說：「滿懷之風，又能有多少哩！」

是的，趙匡胤作爲新王朝的開國之王，他欣賞的是宋玉筆下描寫的那種「飄舉升降，乘凌高城」的「大王之雄風」（見《風賦》），欣賞的是劉邦《大風歌》中那種「大風起兮雲飛揚」的氣勢。區區團扇搖動起的滿懷之風，又算得了什麼呢？

趙匡胤的這番話令在場的人們佩服不已。

傳說趙匡胤早年，某次自秦中歸來，道經華山下，醉卧田間，醒後觀看太陽升起，作了一首《詠日詩》，其辭曰：

欲出未出光辣達，
千山萬山如火發。
須臾走向天上來，
趕卻流星趕卻月。

這首詩中就蘊涵了他的個性：氣魄雄健而胸襟弘毅，謀略遠大又充滿霸氣。後來御用文人將它潤色成句：「未離海嶠千山黑，纔到天心萬國明。」原詩中粗豪不馴之氣便被減弱了。

原詩中「趕卻流星趕卻月」就隱含著後來滅荆南、滅後蜀、滅南漢、滅南唐諸國，建立大宋王朝的意思。

所以《詠日詩》是趙匡胤的《大風歌》。

李後主的《詠扇詩》用心很細、對仗很工，文辭很美；趙匡胤的《詠日詩》

充滿風雲感，充滿力量，充滿霸氣。它們的性質不同，前者著眼於藝術，後者側重於政治。

趙匡胤瞧不起李後主。《後山詩話》記載說：在聽了李煜的詩作後，他大笑著說：「寒士語爾，吾不道也。」趙匡胤又曾經對周圍的人說：「李煜如果用寫作詩詞的工夫來治理國事，他怎麼會成爲我的俘虜呢？」

趙匡胤又欣賞李後主。在另一次宴席上，他稱讚說：「好一個翰林學士！」這就是宋太祖眼中的李後主：不是一個稱職的國君，但可以是一個好的翰林學士。

直臣潘佑

據載：李後主被軟禁汴京時，徐鉉奉旨往探望。李後主見後，拉著徐鉉的手痛哭落淚，後來又歎氣說：「我後悔當年，不該錯殺了潘佑啊！」

潘佑，是南唐的名士。此人既富才學，又多意氣，性格豪放，不循世故。文章議論，受到同輩的一致推崇。當時南唐國勢衰頹不振，而後主還是一味醉在聲色享樂之中。潘佑性情耿直，便伺機予以諷勸。

《詞苑叢談》（卷六）記載說：

潘佑與徐鉉、湯悅、張泌，俱有文名，而佑好直諫。後主於宮中作紅羅亭，四面栽紅梅，作豔曲歌之。佑應命作小詞，有「樓上春寒山四面，桃李不須誇爛漫，已輸了春風一半」。時已失淮南，故云。

這件事鮮明地表現出潘佑的個性。他不僅不願意阿諛後主，也不能保持緘默。當時南唐已經丟失淮南十四州的土地，形勢如同江河日下。潘佑作爲後主親近的朝臣，懷著一腔愛國熱血，怎能不爲之焦慮而憂傷呢？他於是藉著桃李春風隱喻南唐的國勢，希望喚起後主的覺悟。

接著，潘佑又向朝廷上諫表。他先後一共七次上書，詳細地剖析時政的是非得失，抨擊當權大臣尸位素餐，上下因循苟且，導致國家政治敗壞？武備廢弛。後主閱讀了潘佑的諫書，贊賞並表彰了他的忠誠，但是卻沒有改良政治的動作。

潘佑見自己多次上書，仍然無補於國事，他於是自請罷官歸田，並且將抨擊的鋒芒直指李後主本人。他上疏說：

陛下力蔽奸邪，曲容諂偽，遂使家國愔愔，如日將暮。古有桀、紂、孫皓者，破國亡家，自己而作，尚為千古所笑。今陛下取則姦回，敗亂國家，不及桀、紂、孫皓遠矣。臣終不能與姦臣雜處，事亡國之主。

潘佑說李後主有意包容奸邪，敗亂國家，不如古代那些殘暴無道之君，這固然是過激之談。但指出「家國愔愔，如日將暮」，的確是對於當時南唐局勢形象的寫照。李後主受不了這種言辭激烈的指責，加之朝中有人挑撥，於是後主派人去拘捕潘佑。潘佑聞訊，當即自縊而死。

國勢危急而殺忠臣，是李後主犯下的一大過失。

南唐詩人劉洞感傷此事，曾有詩云：

翻憶潘郎章奏內，
愔愔日暮好沾巾！

又有《石城懷古》詩云：

石城古岸頭，
一望思悠悠。
幾許六朝事，
不禁江水流。

是啊，人間幾多興廢事，不禁江水向東流！這江水帶走了潘佑式的忠誠，帶給了後人不盡的沈思！

林仁肇之酖

南唐有一位忠於朝廷、勇猛善戰的大將，他的名字叫林仁肇。

林仁肇是一名壯士。他身高六尺有餘，體魄魁偉，又紋身爲虎形，所以人們稱他爲「林虎兒」。林仁肇作戰勇敢，奮不顧身，升爲將軍後，仍然與士兵同甘共苦，所以能得到士兵的衷心擁戴，從而立了許多戰功。

保大十四年春，周師南侵。兩軍對峙，周師據守正陽浮橋。林仁肇率領一千來名敢死隊戰士，駕著裝滿柴薪的小船，準備乘風放大焚燒浮橋。因爲風向不利，燒橋的計劃沒有完成。率軍撤退時，林仁肇獨自一人乘馬在後面押陣。敵人飛箭如雨，而林仁筆毫不畏懼，他將敵人射來的飛箭一一擊落。敵將大驚，說：「這是一名壯士，不能再向前追逼了」。

南唐將淮南十四州割讓北朝後，林仁肇心中憤憤不平。他見淮南各州的守城士兵不過千人左右，便秘密策劃收復失地。他向李後主建議說：「淮南各州防守的軍隊力量弱小，而宋朝又年復一年地用兵打仗。又是滅西蜀，又是平荊南，又是進攻南漢，往返來回數千里，軍隊難免疲憊，這是兵家難得的機會。如果給我數萬軍隊，渡江收復失城，勢如轉丸之易。此計若能實現，我便佔據淮南，抵禦北方宋軍的南下。」

他又說：「在我出兵之日，請向宋朝報告，說我率軍叛亂。事情倘若成功了，就有利於國家。如果出兵不利，請誅殺我的全家以表明陛下沒有參預此事。」

李後主聽後，十分驚恐不安地回答：「不要隨便亂說，那樣做只會帶來亡國之禍。」

林仁肇勇猛善戰的威名傳到中原，連宋太祖趙匡胤也有幾分忌憚。傳說宋太祖派遣間諜到江南，想辦法弄到一幅林仁肇畫像。宋太祖將林氏的畫像懸掛在一處房間中，當南唐使者來到時，便指給使者看。宋太祖並對使者說：「林仁肇馬上就要歸降了，先送來這幅眞容作爲信物。」

宋太祖又指著旁邊的一所空館舍說：「林仁肇來後，這所府館就賞賜給他住。」

李後主聽了使者的報告，不辨眞假，便派人用藥酒將林仁肇毒死了。

李後主之孱弱、糊塗，從這件事情上就現出來了。

周宗、徐鍇之死

當國勢衰頹、而事不可爲時，清醒地看到國家一步步地滑向沈沒的深淵，這對於有愛國之心的人來說，無疑是巨大的痛苦。

於是死亡，便成了這種痛苦的自然解脫。所以南唐朝臣周宗、廖居素、徐鍇之死被載入了史冊，以留待後人的思考。

周宗是南唐老臣。他年輕時就追隨李昪，出使四方，二人關係十分融洽。他為李昪登基、南唐開國立下了大功。李昪稱帝後，他晉升為內樞使、同平章事，又遷侍中。中主李璟即位，他與朝廷重臣宋齊丘並為宰相。因為他與南唐王室關係非同一般，在朝中也享受到特別的殊榮。他活到七十多歲時，以司徒的職位退休。不久，周師南侵，南唐國勢轉衰，他正在其時因病去世。在殯禮時，宋齊丘撫著他的棺木，哭著說：「先生真是太滑頭了，來得是時候，走得也是時候！」

這是保大末年的事情。

廖居素，也是南唐舊臣。他為人堅毅而正直，因此不得當權者的歡心。李後主即位後，才提升他擔任瓊林光慶使、檢校太保、判三司的職位。因見國勢日下，群臣只知貪圖富貴、苟且享受，便慷慨陳詞，卻不被朝廷採納。他心懷憂憤，最後穿戴朝衣朝冠，閉門絕食而死。他臨死前留下遺書說：「吾之死，是不忍心見到國家破亡、君主受辱啊！」

徐鍇寫文章悼念，將他比為歷史上的屈原、伍員。屈原自沈，伍子胥自刎，廖居素絕食而死，不都是出於一片忠君憂國之心嗎？

這是開寶初年的事情。

徐鍇，字楚金，仕於南唐，官任知制誥、集賢殿學士。他與兄徐鉉同爲當時最著名的學者。徐鉉精於篆隸，曾受詔校訶《說文解字》，徐鍇則著有《說文解字係傳》、《說文通釋》等書。兄弟二人同以文章才華受到世人的器重，被譽「南唐徐氏二龍」。開寶年間，因見時局危急，國勢日削，徐鍇憂憤成疾，不幸而去世。臨死前，他對家人說：「從今以後，我不必再耽心被俘虜的命運了。」

這是開寶七年的事情。

他們沒有親眼目睹南唐的滅亡，這是他們的幸運。

他們（包括與他們同時代的許多人）都預感到南唐的滅亡，這是隱伏在他們心上的悲哀。

陳喬殉國

按照傳統的道德說，陳喬是一個氣節凜然、大義無虧的人。

他出生於一個書香門第。祖父陳岳，唐末任南昌觀察判官，著有《唐統紀》一百卷。父親陳濬，繼承家傳史學，仕吳為中書舍人、翰林學士，著有《吳錄》二十卷。陳喬本人受這種家傳文化的薰陶，不僅聰明穎悟，文辭清麗，而且處處以傳統的節操觀念激烈自己，在忠孝大節上絕不馬虎從事。

保大末年，因為淮南戰場失利，中主李璟內心憂愁，沒有主見，不知如何應付局面。這時，有人建議由大臣宋齊丘攝政，管理國事，要中主優遊林下，追隨王子喬、赤松子修煉仙道。中主受其迷惑，便傳旨令當時任中書舍人的陳喬起草詔書。

陳喬一聽，立即求見中主。他流著眼淚進諫說：「江山社稷的大事，怎麼能假手於他人呢？今天陛下簽署了這道詔書，明天朝廷政務就歸宋齊丘處理。那時一尺土地、一介百姓都不是陛下所有了。」

陳喬又說：「陛下固然不留戀君王的地位，但是難道不想一想先主創業開國的艱難嗎？若有朔臣篡國，社稷易主，那時陛下想作一個自由的百姓都不可能。先前吳之讓皇被幽囚在丹陽宮中，這些陛下親眼所見事情了。」

李璟聽了陳喬的一席話，恍然大悟。他說：「若非卿的提醒，我幾乎落入這些奸人的圈套了。」

李後主嗣位後，陳喬升任門下侍郎兼樞密使，後來改稱光政院使，成了朝廷中的股肱大臣。

宋太祖多次派遣使者，要李後主前往汴京朝見。後主迫於壓力，準備成行。陳喬認爲後主一旦北上，一定會被宋朝扣留，不得歸國。他諫阻說：「元宗（指中主李璟）駕崩時，當面囑咐我輔佐好陛下。如今陛下前往汴京，一定不能重返金陵。江山社稷不就滅亡了嗎？若是那樣，我死了也無顏面對元宗於九泉了。」

由於陳喬等大臣的堅決反對，李後主便藉口有病，拒絕了宋太祖要他前往汴京的旨意。

當宋師圍困金陵時，陳喬又是堅決的主戰派。他時常對後主說：「無論形勢怎樣危急，我作爲臣子的氣節是不會喪失的。」

金陵城將要陷落時，陳喬面見後主，慷慨陳辭：「自古迄今沒有不亡之國。投降仍然不能保全江山社稷，只能使自己遭受羞辱而已。請允許我背城一戰而死。」

李後主接著陳喬的手，流著眼淚，不同意他拼死一戰的作法。

陳喬說：「既然不能戰死，那麼請求陛下將我處死，然後宣布我有抗命之罪。」

李後主又拒絕了陳喬的請求。

陳喬決心以死殉國。他來到政事堂，解開所佩帶的飾金玉帶交付給兩個親近的屬吏，囑託說：「請安葬好我的屍骨。」

陳喬自縊而死，他用生命實踐了自己的道德理想。

死國難者

南唐亡國之際，許多性情剛烈的人捨生赴死，有的奮戰犧牲，有的自殺身亡。鍾蒨、李雄、呂彥、廖澄就是其中的代表人物。

鍾蒨，字德林，是一個講究操守的文士。保大年間，他曾任東都少尹。後主時，官勤政殿學士。他善於詩，有《賦山則諸知己》曰：

暮景江亭上，
雲山日望多。
只愁解輦轂，
長恨隔嵯峨。
有意圖功業，
無心憶薜蘿。
親朋將遠別，
且共醉笙歌。

又有《別諸同志·得新鴻》曰：

隨陽來萬里，
點點渡遙空。
影落長江水，
聲悲半夜風。

殘秋辭絕漠，
無定似驚蓬。
我有離群恨，
飄飄類此鴻。

前一首詩藉詠山表達離別之意，「有意」一聯屬對工整而思緒深遠，耐人尋味。後一首詩藉詠飛鴻寄託思友之情，「影落」二句意境高遠，聯想無窮。這樣一位有才華的詩人，當宋師攻破金陵城的時候，因爲傷悼故國的淪亡。而自殺身死了。

李雄，一作張雄，淮南人。當周師南侵時，他組織義軍，多立戰功，成爲當地有名的義軍首領，後來擔任了袁州、汀州統軍使。宋師圍困金陵時，他奉後主之命率軍東下救援。臨出發前，他對自己的幾個兒子說：「這次我一定要奮勇殺離，死而後已。你們如果不拚死戰鬥，就不能算忠孝之子。」

李雄的軍隊在溧陽與宋軍遭遇，作戰失利。李雄與他的八個兒子都奮不顧身，血戰而死，沒有一人存活下來。李雄全家為國捐軀的消息傳開，國人都為之感傷不已。

咼彥，原任池州刺史，後來入朝為將軍。金陵陷落時，他率領數百壯士與宋軍蒼戰，力盡而死。

廖澄，少負忠義，曾參加後梁開平二年的科學考試，中進士。仕於南唐，官至大理評事。金陵被圍困時，有人勸他投降，他回答說：「我久仕於唐。君臣大義，是不能不講的。」

城破之日，廖澄交待好後事，從容仰藥而死。

他們都是南唐的忠臣。

名士韓熙載

韓熙載，字叔言，後唐同光年間進士。他是南唐的大名士，人稱韓夫子。

韓熙載是一個才能煥發而又狂放不羈的人。他本來家在山東，南渡前夕，他曾在一次酒席上對朋友說：「江南如果用我為丞相，我就率師北伐，以平定中原。」來到江南後，在給朝廷所上的自薦狀上，他說：「我在泗水之濱繼承了孔子所作的《春秋》，在下邳得到了黃石公所傳的兵書。現在可以發揮陳平式的韜略，建立像魯仲連一樣的功勳。」他又說：「失去了范增，項羽就失敗了；得到了陳平，周朝就興起了。」

言下之意，韓熙載自己便是陳平、張良、呂望式的人物，可以爲帝王之師，復興大業。

然而南唐只用他擔任秘書郎、史館修撰之類的小官。

保大七年，契丹滅後晉，中原陷於大亂之中，韓熙載向中主李璟上疏說：「陛下有經營天下之志，恢復大唐祖輩的功業，現在正是時機。若契丹已歸，中原有主，就無法可圖了。」

李璟沒有採納他的意見，於是機會喪失了。

保大末年，南唐朝廷又議論要北伐中原。韓熙載說：「北伐，本是我的心願，但是眼前的形勢不可以。中原邊防鞏固，我方隨意興兵北伐，結果豈止是無功而已。」

局勢的發展，又被他言中了。可知韓熙載絕不是一個虛言浮誇、不切實際的假名士，而是一個頭腦清醒、胸懷韜略的輔佐之材。

韓熙載曾經奉使北朝，寫下了《感懷詩》二首，其一曰：

僕本江北人，
今作江南客。
再去江北遊，
舉目無相識。
金風吹我寒，
秋月為誰白。
不如歸去來，
江南有人憶。

其二曰：

未到故鄉時，

傷。

將為故鄉好。
及至親得歸，
爭如身不到！
目前相識無一人，
出入空傷我懷抱。
風雨蕭蕭旅館秋，
歸來窗下和衣倒。
夢中忽到江南路，
尋得花邊舊居處。
桃臉蛾眉笑出門，
爭向前頭擁將去。

這兩首詩形象地表達了亂世士流失意人間、欲歸無所的內心委曲與精神悲李後主即位後，立即任命韓熙載爲吏部侍郎、兵部尙書等重要職務，充勤政殿學士承旨，並有意讓他出任宰相。韓熙載因感於國事日非，乃行自穢之計，使得後主的這一計劃未能實施。

開寶二年，韓熙載病重時，曾給朝廷上表，其中略云：

無橫草之功，有滔天之過。

老妻伏枕以呻吟，稚子環床而坐泣。

在這誇張的言辭之下，人們聽到的是一個懷抱超世才華的志士的歎息！他沒有能實現自己北伐統一中原的抱負，他的別有寄託的任誕行爲招致的是世俗無休止的批評。

開寶三年，韓熙載因病去世，年六十九歲。

李後主得到韓熙載的死訊，非常難過。他爲未能在生前任命韓熙載爲宰相而遺憾，特地贈官右僕射、同平章事，並宣布罷朝三天，以示哀悼。後主在奏章上批道：

辭章乍覽，痛切孤心。嗟呼，抗直之言，而今而後，追不得聞乎！

李後主派人選擇了一處山峰奇秀、景致幽雅的處所作爲韓熙載的墓地，使他痛苦的靈魂永遠得到安息。

學者徐鉉

徐鉉，字鼎臣，他曾是李後主的親近大臣，是南唐亡國的親歷者與見證人。他又是一位儒雅的學者，學識廣博，能言善辯。開寶八年，南唐亡國前夕，李後主派遣他出使汴京，當面向宋太祖趙匡胤陳情。徐鉉見到宋太祖後，慷慨陳詞：「陛卜如天、如父，天能覆蓋地，父能庇護子。李煜向宋朝納貢輸賦，已經二十年了。以小國而奉事大國，態度十分的恭敬，並沒有什麼過失。爲什麼要受到討伐呢？」

宋太祖回答說：「你說宋與南唐，如同父子。父子之間，分成兩家行嗎？」

徐鉉還想爭辯下去。趙匡胤手按寶劍，辭氣嚴厲地阻止他：「不必再說了。

江南亦何罪之有！只有天下要統一，四海一家，卧榻旁邊，豈容得他人鼾睡！」

趙匡胤既然說得直接了當，徐鉉也就無言以對。

金陵被攻佔後，徐鉉成爲俘虜又被押送到汴京。趙匡胤作爲戰勝者，聲色嚴厲地責問徐鉉。徐鉉平靜地回答：「我是南唐大臣。如今國家滅亡，我罪當一死而已。不必再問別的事情了。」

趙匡胤聽了徐鉉的答語，很是欣賞。他讚歎地說：「眞是忠臣啊！以後在我朝中作官，要像奉事南唐李氏一樣。」

徐鉉後來成了宋朝的官員。

李後主去世後，朝廷讓徐鉉爲李煜寫篇《墓誌銘》。徐鉉請求面見宋太宗，流淚懇求說：「我以前事奉李煜。如果皇上允許我保留對於舊主人的一番情誼，我才敢撰寫這篇文章。」

宋太宗表示同意，徐鉉於是爲了《吳王隴西公墓誌銘》。在這篇文章中，徐鉉對李後主的一生給予了全面的評價，肯定了他的藝術才能與人生態度，並指出李後主缺乏政治的謀略，身處亂世而躬行仁義，所以終於亡國。雖然如此，「道有所在，復何愧歟！」

徐鉉還爲李後主的死撰寫了《挽詞二首》，寄託哀思。其詩曰：

倏忽千齡盡，
冥茫萬事空。
青松洛陽陌，
芳草建康宮。
道德遺文在，
興衰自古同。
受恩無補報，
反袂泣途窮。
土德承餘烈，
江南廣舊恩。
一朝人事變，

千古信書存。
哀挽周原道，
銘在鄭國門。
此生雖未死，
寂寞已消魂。

詩意沈痛，涵蘊不盡。徐鉉，眞稱得是李後主的知己了。

張洎其人

南唐大臣中，有一個身份、地位與陳喬相似，而爲人品格、節操以及結局都大不相同者，此人就是張洎。

說起來，張洎也算是讀書人。他小時候就才能出衆，精通經典，是進士出身。他又善於議論，得到中主李璟的賞識。

張洎的年齡只比後主大四歲。由於他富於才調，又擅心術，玲瓏機巧，無所不至，所以深得後主的喜愛。後主即位之後，張洎的官職越來越高。他先是擔任知制誥、清輝殿學士，後來升爲光政院副使。此時的張洎，不僅參與國事機密，連李後主的家庭私宴他也經常列席。

但是張洎爲人品格不端。爲了攫取權力，他可以阿諛逢迎，也可以出賣朋友。朝臣潘佑曾經與他同在中書省任職，兩人關係和睦，友情甚篤。後來發生分歧，潘佑因爲直諫得罪被逼自殺而死，張洎在其中起了投井下石的作用。

當宋軍圍困金陵時，他與陳喬都力主抗戰。他對李後主說：「金陵城固若金湯，是不容易攻破，宋軍早晚要自行撤退。儻若有所不測，我一定會先死，以身殉國。」

金陵城被攻破的那一天，張洎卻帶著妻子和財物，從便門進入宮中躲藏了起來。

陳喬找到張洎，說他共同以死報國。他表面答應了。等陳喬自縊身死後，他去見後主，說：「我與陳喬共同執掌國家大政，如今理應共同以死報國。但是又想到陛下還在。我不死，是爲了將來有以報答陛下。」

張洎入宋後，被任命爲太子中允，轉禮部、戶部郎中，在仕途上一帆風順。最後，他擔任了參知政事（副相）的高職。此時，他將有以報答後主的話，早忘得一乾二淨了。

李後主入宋後很窮，曾經向張洎借錢。事後張洎討債，李後主只好用一個白金製造的臉盆抵債。張洎還嫌不滿意。李後主之子仲寓於郢州，葬於汴京，張洎竟不赴弔。因爲此時無論後主，抑或後主之子，對於他都毫無利用的價值了。

張洎始終未改變他這種唯權是依、唯利是圖的性格。在宋朝廷時，他還試圖巴結、依附宦官，遭到皇帝的當面奚落。寇準掌管吏部時，張洎主動與之親近，談笑議論，表演得非常充分。他又善於揣摩人的心思，乃至將寇準平常心中所想、從未告訴別人的意思都發揮了出來，因此受到寇準的佩服，推薦他擔任要職。此後不久，寇準在朝中受到排擠，失去皇上的信任。於是張洎又上奏章，誣蔑寇準有誹謗之罪。

張洎的人格從他對張佖的態度上也表現了出來。張洎未中進士前，張佖已經在南唐作官了。這時張洎前往拜見，便自稱表侄。中進士後，他們在一起作官，張洎改稱兄弟。後來張洎的官當大了，便只將張佖當一個普通的下屬。可見，張洎只知道權勢、地位，至於別的他就從不考慮了。

這就是受到後主信用、「恩寵第一」的人物！

樊若水獻平南策

樊若水，原名樊若冰。他的父親樊潛，曾任南唐漢陽、石埭二縣令，家於池州。

他本是一介落魄書生，曾多次參加南唐的進士考試，皆未能中第。爲了發洩個人的私憤，他決心投奔北方的宋朝，帶領宋軍來掃蕩江南，滅亡南唐。

樊若水是一個用心深遠的人。爲了滅亡南唐作準備，他先是來到長江畔的采石磯旁，落髮爲僧。他在江面垂釣，晚上乘一葉小舟疾馳對岸，以丈量長江水面的寬度。他設想將來在江面上修建起一座浮橋，使宋朝軍隊能夠順利地渡越長江天塹。當他有了周密的策劃與相關的情報以後，他便北上汴京，求見宋太祖趙匡胤。

趙匡胤問他叫什麼名字。

「臣名樊若水，又名若冰。」

「爲什麼要叫這個名字？」趙匡胤又問。

「唐玄宗時，朝中有一位名臣倪若水。他曾任尙書右丞，任官期間推廣教化，政績顯著。我因爲仰慕他的爲人，所以取名若水。一片忠君之心，冰清玉潔，所以又叫若冰。」

趙匡胤覺得「若冰」與「弱兵」相諧音，便不喜歡，就說：「我給你另取一名，就叫『知古』吧！」

從此，樊若水便成了宋朝的官員，他改名叫「樊知古」。

樊若水投奔宋朝的消費傳到他的家鄉，人們都非常憤慨，要求殺掉他的全家。李後主不忍心，只讓地方當局將樊氏一家看管起來。後來又遵照趙匡胤的意旨，將他們送往北方。

據說宋軍南征時，樊若水便充當嚮導。宋軍在采石磯修建了一座浮橋，都是依照樊若水的計劃設計，不差分寸。

於是，樊若水成了宋朝的首任池州知州。

據當地的傳說，樊若水出賣家園的行爲受到鄉親們的痛恨，他家祖墳上的樹木都被人們砍光了。

後來樊若水在宋朝作官，也並不順利。他雖有才幹，但是爲人品行不端正。曾經在朝任戶部使，因爲行爲輕浮，外放爲西川轉運使，鬱鬱不得志。遇上青城王小波領導的民衆武裝暴動，乃逃走東川，又因爲擅離職守而被朝廷追究。此後被派任均州知州，便憂懼而死，年五十二歲。

牽機藥

李後主生於南唐昇元元年（公元九三七年）的七夕，死於宋太平興國三年（公元九七八年）的七夕（或七夕後一日）。

他的死與徐鉉對他的一場採訪有關。據宋人王銍《默記》記載說：徐鉉入宋後官任左散騎常侍，遷給事中。有一天，宋太宗趙光義問徐鉉：「最近見李煜了嗎？」

徐鉉回答：「沒有陛下的旨意，我怎麼敢私自見他呢？」

宋太宗說：「你去吧，就說是我讓你去相見的就行了。」

徐鉉於是來到李後主的居處，在門前下馬，只見一名老卒把守著大門。徐鉉說要見太尉（李後主當時名義上的官銜是檢校太傅，疑有誤字），守門的老卒說：「有聖旨，不准私自會客。」

徐鉉答覆道：「我是奉皇上的旨意前來相見的。」

那個老卒便進去通報，徐鉉站在庭前，等了許久。

李煜終於出來了。只見他頭戴紗帽，身穿道服，神色淒然。徐鉉上前欲行君臣跪拜之大禮，李後主連忙步下台階，拉著徐鉉的手說：「時至今日，怎麼能行這種禮儀！」

徐鉉偏坐在椅角上，李後主便拉著他的手大哭了起來。後來又沈默了一會兒，突然長歎一口氣，說道：「我後悔當年，不該錯殺了潘佑啊！」

徐鉉再次見到皇上時，宋太宗問：「你們見面時，李煜談了些什麼？」

徐鉉不敢隱瞞，便將李煜的話說了出來。

宋太宗聽說後，內心忌恨。他又聽說李煜詞中許多感傷故國的內容，有「小樓昨夜又東風，故國不堪回首月明中」、「問君能有幾多愁，恰似一江春水向東流」之類的句子，更堅定了他除掉李後主的決心。

於是在李後主慶祝四十三歲生日的時候，宋太宗趙光義派人用「牽機藥」將李煜毒死了。據介紹，牽機藥是一種烈性毒藥，服用後腸胃劇痛，引起全身抽搐不止，頭足相就如同彎弓的形狀。所以李後主之死是十分痛苦的，悲慘的。

「後主之死」釋疑

也有人不相信宋太宗趙光義用牽機藥毒死李後主的說法。其理由是：

1.此說與史書的記載不相符合。據馬令《南唐書》曰：

公（指李後主）病，命翰林醫官視疾，中使慰諭者數四，翌日薨。

怎麼會有一面使人下毒、一面派醫官視疾，殺人與救命同時並行之事呢？這是一個疑問。

2.徐鉉所作《墓誌銘》說，後主死後，宋太宗撫幾哀悼，深感悲傷，「痛生之不逮，俾歿而加飾。特詔輟朝三日，贈太師，追封吳王。命中使莅葬，凡喪祭所需，皆從官給。」請看：又是追贈太師，又是加吳王，又命中使前往送葬，還輟朝三日以示悼念。如果是宋太宗毒死了李後主然後又如此大事渲染，豈不是違背常理、太過虛偽了嗎？這是又一個疑問。

這眞是一個難解的謎局。不得旁證，這一謎局是無法破譯的。

旁證之一：降王錢俶之死。

錢俶是吳越國的最後一任國君。太平興國三年，他應詔來到汴京，上表獻出境內十三州、一軍、八十六縣的土地，其國宣告滅亡。因爲錢俶是主動納土歸順，所以先後被宋太宗封爲淮海國王、漢南國王，所得到的賞賜待遇，一時無人可以比擬。端拱元年（公元九八八年）八月二十四日，是錢俶的六十歲生日。這一天，宋太宗派使者前往賞賜生日器幣，宴飲極爲歡暢。然而宴會結束的當晚，錢俶便突然發病而死。

南唐李後主之死，與吳越降王錢俶如出一轍。所以宋人邵伯溫明白地說：

「二君（指李煜、錢俶）歸宋，奉朝請於京師。其卒之日，俱其始生之辰。太宗於是日遣中使賜以器幣，與之燕飲，皆飲畢卒。蓋太宗殺之也。」

旁證之二：宋太宗同胞弟趙光美（後來改名廷美）及親侄趙德昭之死。

據史載：宋太祖趙匡胤之母、皇太后杜氏臨死前，了使趙宋江山不致落於他姓之手主張不立年幼之君，遺命要趙匡胤死後傳位其弟趙光義，光義死後傳位其弟光美，光美復傳德昭（趙匡胤之長子）。而趙光義一旦控制政權，登基稱帝，便視其胞弟光美、親侄德昭爲潛在之政敵，並展開了一系列針對他們的計劃周密而又居心探險的行動。

太平興國四年（公元九七九年），趙德昭被迫自殺身死。宋太宗趙光義聽說後，前往抱住德昭的屍體，大哭道：「癡兒，爲什麼要這樣呢？」結局是：德昭被贈中書令、追封魏王，謚曰懿。葬禮自然是隆重的。

太平興國七年，宋太宗又加重了對其胞弟趙光美（此時已改名廷美）的迫害，將他貶斥到偏僻荒遠的房州安置。不久，趙光美死於貶所。凶訊傳來，太宗又是「嗚咽流涕」、「感動左右」。（見《宋史紀事本末·金匱之盟》）

從以上旁證，可知趙光義十分善於玩貓哭老鼠的政治遊戲。

另據《揮麈後錄》說：「太平興國時，諸降王俱死，其舊臣或有怨言。太宗盡收用之，置之館閣，使修書……以役其心，多卒老於文字之間」。

這種「役心」的手段，就更加高明、不露形跡了。

藝術人生

花明月黯飛輕霧，今宵好向郎邊去。
剗襪步香階，手提金縷鞋。
畫堂南畔見，一向偎人顫。
奴為出來難，教君恣意憐。

——李煜《菩薩蠻》

先主：禮賢重文

李昪，是南唐的開國之主，也是南唐重視文化藝術風氣的開創者。

他雖然出身卑賤，從小生活貧苦，沒有得到系統的文化教育機會，但卻自幼愛好文藝。當他靠著軍動與機遇一步步地掌握軍政大權後，便大力提倡文化教育。他下詔徵集文獻圖籍，又興辦學校，優待士人。還在廣陵時，他就喜愛與文人雅士談論詩文，盡興而罷。又在居第旁邊修建了「延賓亭」，專門接待四方之士。由於他執政得當，受到知識階層的一致擁護，所以威望日隆。

山林隱士沈彬，特獻《觀畫山水圖》，並題句其上曰：

須知手筆安排定，
不怕山河整頓難。

這兩句詩以畫師繪山水景物隱喻李昪治理國家。意思說：如果用畫筆描繪壯麗的山川一樣，由你來整頓這大好山河又有何難處！

這話說得很高明，很玄妙！

又傳說李昇受禪登基前，有僧人突然半夜撞鐘，將滿城的人都驚醒了。逮去一問，那和尚道：「夜來偶得好詩，一時高興，不覺撞鐘。」

李昇問：「是何好詩？」

那和尚便朗誦了如下一首《詠月詩》：

徐徐東海出，
漸漸入天衢。
此夜一輪滿，
清光何處無？

這首詩以月色滿輪升上當空象徵南唐開國，意境得清美，氣象很開闊。雙方都心領神會了。

這就是藝術！行伍出身的李昇一點也不輕視藝術的效用。傳說李昇九歲時，曾巧藉詠燈，抒發情懷，吟成一首小詩：

一點分明值萬金，
開時惟怕冷風侵。
主人若也勤挑撥，
敢向尊前不盡心！

詩中藉著燈芯草需要經常向前撥動才能放射出長久的光明，表達希望得到提攜培養之意。這首詩雖然寫得稚氣，但是清新可讀，足以寄託少年的心志。

又據《五代詩話》引《詩史》說，十歲時他又寫了《詠新竹》一詩，其中兩句是：

棲鳳枝梢猶軟弱，
化龍形狀已依稀！

這是少年的理想與情懷：就像一簇新竹，當它長得高大、堅強起來以後，其枝可以棲鸞鳳，其形可以化虬龍。但是它必須是新竹，必須有竹的氣質、竹的韻調。竹的氣質、竹的韻調，就是藝術的精神。

中主：文士風範

作爲南唐的第二任君主，李璟已經完全文士化了。

李璟重視修飾自己的儀表與風度。野史中記載說李璟「音容閒雅，眉目若畫」，「臨朝之際，曲盡姿制」。有一次，鄰國派遣使者前來朝聘，返國後對人說：「你們沒有見過南唐國的君主，他就像純玉雕琢而成。只怕南嶽眞君神像，也比不上他的儀容之美了。」

傳說李璟十五歲時，便有以下的詩句——

蒼苔迷古道，
紅葉亂朝霞。

這兩句詩對仗工整，描寫廬山古道上長滿了苔蘚，而遠樹紅葉與朝霞交映的景色，用筆凝練而傳神。

保大五年元日大雪，李璟與諸弟及朝廷近臣登樓賞雪。李璟有詩曰：

珠簾高卷莫輕遮，
往往相逢隔歲華。
春氣昨宵飄律管，
東風今日放梅花。
素姿好把芳姿掩，
落勢還同舞勢斜。
坐有賓朋尊有酒，
可憐清味屬儂家。

詩中寫道：春氣乍生，梅花初發，瑞雪飄飛，宛轉如舞，賓朋宴賞，淸味何如！而雪花之素姿掩映於梅花芳姿之上，自然別是一番景致。這首詩虛實交映生輝，頗有一種優雅華貴的帝王氣象。

當然，李璟最擅長的還是詞令的創作。他傳世的詞作只有四首，其中《浣溪沙》（又名《攤破浣溪沙》，或《山花子》）二首最爲精美，也最受到後人的稱賞。其一曰：

手捲真珠上玉鉤，
依前春恨鎖重樓。
風裡落花誰是主？
思悠悠！
青鳥不傳雲外信，
丁香空結雨中愁。
回首綠波三楚暮，
接天流。

又一首曰：

菡萏香銷翠葉殘，
西風愁起綠波間。
還與韶光共憔悴，

不堪看！

細雨夢回雞塞遠，
小樓吹徹玉笙寒。
多少淚珠無限恨，
倚闌干。

這兩首詞都是抒寫閨中女子思念遠出的丈夫（或情人）之情的作品。詞中語言之精麗、情感之婉約、形象之優美，將眼前景物與少女心情融成一體，了無痕跡。「細雨」一聯寫少女因情生夢、因夢生情，徹底吹笙，仍然難遣幽怨其意境之纏綿要眇，當時就受到了人們的衷心稱讚。而近人王國維則極力推崇「菡萏香銷」兩句，以爲其中大有「象芳蕪穢，美人遲暮」之感。

李璟的這種藝術氣質，後來被李煜繼承，並且將之昇華到一個更純粹、更精美的境界。

金錯刀書

唐代有位著名書法家柳公權，字誠懸，是元和初年的進士。他的書法結體清勁，自成法度，卓然名家，享有得高的聲譽。當時朝廷大臣的碑版墓誌，若非柳氏的書法手筆輿論便以爲子孫不孝。外族入貢，也喜歡購買他的書法墨寶帶回國去。

有一次，當朝皇帝問他用筆之法，柳公權回答道：「心正則筆正，乃可爲法。」

這件事成了書壇上藉談論筆法以進諫的勝事。

李煜所練習的，便是柳公權書法之體。黃庭堅《跋李後主書》曰：

觀江南後主手改表草，筆力不減柳誠懸。……余嘗見其與徐鉉書數紙，自論其文章，筆法政如此。

李後主書法的風格，大概屬於筆勢瘦硬、風神遒勁的一類。《皇宋書錄》引語云：

江南後主書雜說數千言，及德慶堂題榜，大字如截竹木，小字如聚鍼釘，似非筆力所為。……若以書觀，後主可不謂之倔強丈夫哉！

可以想見後主落筆時，隨心神所至，而變化多端。一紙之間，字形或大或小，其大者粗壯如截竹木，其小者剛勁如聚針釘。筆勢變動之間，透露出嶙峋的風情，顯得倔強有力。

又據陶穀《清異錄》曰：

後主善書，作顫筆樛曲之狀，遒勁如寒松霜竹，謂之金錯刀。

所以後主書法，有「金錯刀書」之稱。這種「金錯刀書」，據云有「一筆三之法，雖若甚瘦，而風神有餘」。所謂「一筆三過」，即一筆三折之意。唐張彥遠《法書要錄》，引王羲之《題筆陣圖後》云：「每作一波，常三過折筆」，為此語所本。可知金錯刀書用的是顫筆瘦書之法，表現了瀟灑豪放、變動不居的風度，而兼有寒松霜竹般凜冽的氣勢。

又有「撮襟書」，亦爲後主書法之名。或云「作大字不事筆，卷帛書之，皆能如意，世謂之撮襟書」。（見《清異錄》）然而有記載說李後主曾用撮襟書題寫扇面，則必爲小字，與卷帛作筆不符合。據推測，撮襟則多皺褶，與後主一筆三過法相仿佛，所以撮襟書當與金錯刀書相近。果如其然，則二者同爲後主書法之別名了。

據《宣和書譜》記載：宋徽宗時，內府還收藏有後主的墨帖二十多種。南宋陸游在金陵清涼山廣慧寺，也瞻仰到後主書法的石刻。然而歲月悠悠，時至今日已經無從一睹後主書法的風彩了。

八字撥鐙法

李後主對於書法授受之最爲得意者，在於能傳八字撥鐙法。他在《書述》一文中說：

書有八字法，謂之撥鐙。自衛夫人並鍾、王，傳授於歐、顏、褚、陸等，流於此日。然世人罕知其道者。孤以幸會得受誨於先生。奇哉！是書也，非天賦其性，口授要訣，然後研功覃思，則不窮其奧妙，安得秘而寶之。

這是介紹撥鐙法的授受，始自晉代衛夫人、鍾繇、王羲之，至唐代則傳於歐陽詢、顏眞卿、褚遂良等書法大家，經陸希聲等一直流傳下來。陸希聲是唐末人，據傳他有五字筆法。《唐詩紀事》卷四十八曰：

古之善書，鮮有得筆法者。希聲得之，凡五事：擫、押、鉤、格、抵。用筆雙鉤，則點畫遒勁而盡妙矣，謂之撥鐙法。……希聲以授沙門䛒光。

䛒光的身世履歷不詳，只知道他善於草書曾以草書應制，有「草聖」之稱。吳融《贈䛒光上人草書歌》中形容道：

江南有僧名䛒光，
紫毫一管能顛狂。
人家好壁試揮拂，
瞬目已流三五行。

摘如鉤，挑如撥，
斜如掌，回如斡。
又如夏禹鎖淮神，
波底出來手正拔；
又如朱亥鎚晉鄙，
袖中抬起腕欲脫。
忽然飛動更驚人，
一聲霹靂龍蛇活。

用撥鐙法作草書的筆力，從中可以想見。而後主所得之撥鐙法，可能就是䛒光上人所遺留下來的。後主所稱「得受誨於先生」，所指或即䛒光上人，亦未可知。

李後主又將陸希聲之五字筆法發展爲八字筆法，曰擫、壓、鉤、揭、抵、拒、導、送。茲說明於下——

擫，是大指骨的上節下端，用力欲直，如提千鈞。

1.壓，捺食指著中節旁，須著力。

2.鉤，中指著指尖，鉤筆令向下。

3.揭，無名指著爪肉之際，若揭筆管令向下。

4.抵，無名指揭筆，中指抵住。

5.拒，中指鉤筆管，無名指拒定。

6.導，小指引無名指過右。

7.送，小指送無名指過左。

簡明地說，筆管要執在大姆指尖端與食指中節的前部之間，中指尖端鉤著筆管向內，無名指抵著筆管向外，小指緊貼無名指，以助其力。這種握筆法因食指高舉，故後世或名爲鵝頭法。其效果如同人騎在馬鞍上，用兩腳尖踹在鐙上，容易運轉得力，故名曰「撥鐙法」。

《霓裳羽衣曲》

《霓裳羽衣曲》是唐代一首曲調繁複、旋律優美的大型舞曲。它原名《婆羅門曲》，開元中西涼府節度使將它獻給朝廷。經過唐明皇李隆基親自潤色、加工，定名為《霓裳羽衣曲》。

此曲盛行於開元、天寶間，由此演出的故事廣泛流傳，文人歌咏也層出不窮。劉禹錫有詩曰：

開元天子萬事足，
惟惜當時光景促。
三鄉陌上望仙山，
歸作《霓裳羽衣曲》。

（《楊太真外傳》說《霓裳羽衣曲》是唐玄宗登三鄉驛望女幾山所作。）

白居易《霓裳羽衣舞歌》亦云：「千歌萬舞不可數，就中最愛《霓裳舞》」，又云：「我愛《霓裳》君合知，發於歌咏形於詩」。其《長恨歌》亦云：「漁陽鼙鼓動地來，驚破《霓裳羽衣曲》。」杜牧《過華清宮絕句》則批評曰：「霓裳一曲千峰上，舞破中原始下來。」

《霓裳羽衣曲》的音調嘹亮而宛轉悠揚有飄飄欲仙的韻味。其舞姿則或正或敧，或止或行，俯仰隨聲，進退合度。唐人有《霓裳羽衣曲賦》，形容道：

變虛徐之歌態，始訝遏雲；
振飄颻之舞容，忽驚迴雪。
既應弦而合雅，亦投袂而赴節。
舞隨節以袖急，歌和氣而韻長。
退若游龍之乍婉，進如驚鴻之欲翔。
或眄盼以不動，或輕盈而欲翔。
……引洞雲於丹墀之下，
颯天風於紫殿之旁。

這種優雅、飄逸、和諧而富於變化的歌舞場面，成了開元盛世的一種象徵，也是盛唐文化的一個組成部分。

經過安史之亂，《霓裳羽衣曲》的樂譜逐漸散失不全，舞譜更是幾近失傳。因此，後主與娥皇整理、修補殘譜並以之付諸演出的創造性勞動，便顯得特別可貴了。李後主在《昭惠周后誄》中回憶此事說：

《霓裳》舊曲，

韜音淪世。（韜、淪，是隱沒、失傳的意思。）

失味齊音，（齊音，本指《韶》樂，用孔子在齊國聞奏《韶》樂，三月不知肉味的典故。）

猶傷孔氏。

故國遺音，

忍乎湮墜！（湮墜，是埋沒無聞的意思。）

我稽其美，（稽，是研習的意思。）

爾揚其秘。

程度餘律，（程度，整理。餘律，指殘譜。）

重新雅製。

大意說：美如《韶》樂的《霓裳羽衣曲》逐漸湮沒失傳，這不是一件使人傷心痛惜的事情嗎？而由於後主夫婦的整理、創作，這一故國遺音終於得以重新展現其風采了。

這實在是南唐藝壇的一件勝事。

文物收藏

由於李後主愛好藝術，他也特別注意收藏各種文物及藝術品。李後主所用的筆墨紙硯都是最精美的。據《澠水燕談錄》載：

李後主留意翰墨筆札。所用澄心堂紙，李廷珪墨，龍尾石硯，三者為天下之冠。

所稱「澄心堂紙」是當時南唐生產的名貴書畫用紙。紙質光潤滑膩，純潔如玉，極受當時人的讚賞。宋代詩人梅堯臣形容它「滑如春冰密如繭」，又寫其貴重曰：

寒溪浸楮春夜月，
敲冰舉簾匀割脂。
培乾堅滑若鋪玉，
一幅百金曾不疑！

史家劉攽（字貢父）亦歌詠曰：

當時百金售一幅，
澄心堂中千萬軸。
後人聞此那復得，
就使得之當不識。

李廷珪墨是墨中的神品。傳說它堅而有光，黝而能潤，墨迹留香，終年不滅。當時有人不慎將一丸廷珪墨遺失水池中，「既逾月，臨池飲偶墜金器，乃令善泅者下取之。併得所遺墨，光色不變，表裡若新」，它因此而被人稱讚爲「天下之寶墨」（《十國春秋》卷三十二）。

李後主所用的石硯，更是天下的極品。據《鐵圍山叢談》（卷五）記載說，李後主所用的寶石硯山，直徑有一尺多長。硯出前部聳列三十六座山峰，每座山峰有手指般大小，左右則是兩面舒緩的斜坡，中間鑿爲硯池。李後主還爲硯山諸峰取了美好的名字，如月巖翠巒、方壇玉筍之類。南唐亡國後，硯山流入民間，輾轉被著名書畫家米芾所得，後來又爲內府收藏。米芾有詩感歎曰：

硯山不可得，
哦詩徒歎息。
唯有玉蟾蜍，
向余頻淚滴！

清代詩人王士禎又曾經見到這座硯山。他對於這件珍貴文物經歷兵火戰亂仍然得以保存完好十分欣慰。照應米芾題詩，他賦詩曰：

南唐寶石劫灰餘，
能與幽人伴著書。
青峭數峰無恙在，
不須淚滴玉蟾蜍！

李後主收藏圖籍、畫軸、法帖之豐富，更是成一時之盛況。宋平南唐後，得李後主藏書十餘萬卷。這些圖書都校讎精審，編輯完好，書上加蓋「內殿圖書」、「建業文房之寶」的印文，可知主人對它們的珍惜與看重。李後主曾經得到梁元帝蕭繹撰《金樓子》古本，他滿懷感慨地在上面寫了序文，又題詩道：

牙籤萬軸裹紅綃，
王粲書同付火燒。
不是祖龍留面目，
遺篇哪得到今朝！

從李後主對於文物書籍的收藏，亦可見其人性情之斑了。

後主畫蹟

傳說五代時，有一位善畫的女子。一天晚上，她獨坐南窗前，看見月光普照，竹影婆娑，景色十分別致。她不禁磨墨揮毫，將所看到的影描摹在窗紙上。第二天一看，畫竹不僅饒有生意，而且別具情趣。從此以後，人們便起而倣效，於是畫苑中便增添了墨竹一科。

李後主就喜愛畫這種墨竹。

後主畫墨竹的特色，是將書法移置過來作畫。看過的人說，後主畫竹是從根部至竹梢，一一鉤勒而成，謂之「鐵鉤鎖」。又用顫掣之筆，凸現竹節的生動。初看起來，只見老枝霜皮，煙梢露葉，披離偃仰，如同古木。賞玩既久，竹林景色便宛然在目。所以評論者說，李後主所畫墨竹「清爽不凡」。

李後主又善於畫禽鳥，尤其工於畫翎毛。據《宣和畫譜》，宋徽宗時御府所收藏的李後主畫作中，有《柘竹雙禽圖》、《柘枝寒禽圖》、《秋枝披霜圖》、

《鶺鴒圖》、《竹禽圖》、《棘雀圖》等，民間有後主所畫的《墨竹鴝鵒圖》。

除了竹木、禽鳥之外，李後主還畫過山川景色，畫過龍虎、猿猴、螃蟹……

李後主還畫過菩薩、羅漢……

在後主的畫筆下，展現了一個多彩的藝術世界。自然的與宗教的題材，在後主的畫幅中有著豐富的表現。《宣和畫譜》說：

江南偽主李煜，政事之暇，寓意於丹青，頗到妙處。……畫亦清爽不凡，別為一格。

郭若虛《圖畫見聞志》說：

後主才識清贍，書畫兼精。嘗觀所畫林木飛鳥，遠過常流，高出意外。金陵王相家有雜禽花木，李忠武家有竹枝圖，皆希世之物。

張丑《清河書畫舫》說：

范庵李貞伯藏李後主《江山摭勝圖》水墨短卷，筆趣深長。

透過上述三則評述，可知後主繪畫在求得形似的同時，更追求形象之外的意趣。所謂「高出意外」、「筆趣深長」，所說的也就是這種氣象與精神。

《韓熙載夜宴圖》

韓熙載是一個風流跌宕、富於藝術氣質的眞名士。

他本是濰州北海（今屬山東省）人。在當時南北政權對峙並存的情況下，韓氏以北人而來到南唐作官，最容易受人懷疑。加之南唐朝廷中黨人朋比爲奸，時人目爲「五鬼」，韓熙載作爲一個胸襟開闊而有獨立人格的文人，自然不願與之同流合污。這就釀成了他身世的尷尬與內心的悲哀。

韓熙載橫身才氣，隨意揮灑。他的文章、書法，在當世特負盛名，就連衣裳、帽子也都喜歡設計些的款式，一時被稱爲「風流之冠」。作爲一種生活方式，韓熙載有意放縱不羈，匿跡於聲色之間。他家中有四十多名女妓，平時自由進出，與來賓混雜在一起。有的侍女私出侍客，他也並不在意。這便產生了許多風流傳聞，輿論嘲笑他「惟薄不修」。

李後主聽說韓氏夜宴時，賓客雜坐，聲妓娛樂，無拘無束，不知道是怎樣一種情景。他便派畫院待詔顧閎中前往拜訪，將親眼看見的景象繪成幅畫。這便是傳世的《韓熙載夜宴圖》的由來。

《韓熙載夜宴圖》為絹本，長三百三十五點五厘米，高二十八點七厘米。全畫共分成五段，以屏風相間隔，成為依據時間順序次第展開而各自獨立的不同場面。第一段描寫韓熙載與賓客一起聽少女彈奏琵琶的情景，賓客或側耳，或抱手，或回顧，都凝神於琴曲之中。第二段描寫一女子正以優雅的姿態表演舞蹈，韓熙載在一旁親自為之擊鼓。第三段描寫小憩的場面：幾個侍女陪坐，韓熙載一邊洗手，一邊與侍女交談。第四段是五個女樂坐在繡墩上吹奏簫管，姿態各異，韓熙載袒腹坐在椅子上，正與面前的一位侍女低聲耳語。第五段描寫宴會結束，韓熙載凝視前方，賓客有的離去，有的與侍女調笑的場面。

整幅圖畫風格統一，渾然一體。值得注意的是其中韓熙載的形象。他頭戴高帽，長髯垂胸，面對清樂妙舞，卻神色深沉，若有所思，一副鬱鬱寡歡的表情，透露出他內心深處的苦悶與孤獨。

元人鄭元祐有詩題詠曰：

嚬載真名士，
風流追謝安。
每留賓客飲，
歌舞雜相歡。
卻有丹青士，
燈前密細看。
誰知筵上景，
明日到金鑾。

詞藝一：唐音格調

詞的發展，最初只是宛如一段汩汩淙淙的溪流，或隱或現地出沒於群山之間。到五代時，它便匯聚爲渟泓的廣潭深湖，朝雲暮雨，桃花流水，更增添了它的麗色與神韻。再到了宋代，它便如出山的江水浩浩蕩蕩，蔚然成爲一代文學之大觀了。

王僧保《論詞絕句》曰：

倚聲宋代始專家，
情致唐賢小小誇。
劉白溫韋工令曲，
謫仙誰與並千華？

詩的大意說：詞章創作雖然到宋代始大盛，專家輩出，而唐代劉禹錫、白居易、溫庭筠、韋莊都工於美詞。至於李太白詞章之高華，更是無人能與並美。

李白，字太白，唐代著名詩人，賀知章嘗呼爲「謫仙人」。相傳他所作的《菩薩蠻》、《憶秦娥》兩闋，被論者奉爲「百代詞曲之祖」。其《菩薩蠻》詞曰：

平林漠漠煙如織，

寒山一帶傷心碧。
暝色入高樓，
有人樓上愁。

＊　＊　＊

玉階空佇立，
宿馬歸飛急。
何處是歸程？
長亭更短亭。

這首詞意蘊渾厚而格調清美，在詞苑獨開一片境界。千古而還，仍然浹洽人心。張崎亭《論詞絕句》讚曰：

一曲高樓最占先，
平林漠漠雨如煙。
詞人已死流風絕，

凭吊青山幾百年！

中唐劉禹錫、白居易創作的曲子詞，有《竹枝》、《楊柳枝》、《浪淘沙》、《憶江南》等多種調式。白居易《憶江南》詞曰：

江南好，風景舊曾諳。
日出江花紅勝火，
春來江水綠如藍。
能不憶江南？

劉禹錫亦有同調之作，題曰「和樂天春詞，依《憶江南》曲拍爲句」。其詞曰：

春去也，多謝洛城人。
弱柳從風疑舉袂，
叢蘭裛露似霑巾。
獨坐亦含嚬。

其時又有張志和《漁歌子》詞曰：

西塞山前白鷺飛，
桃花流水鱖魚肥。
青箬笠，綠簑衣，
斜風細雨不須歸。

* * *

釣臺漁父褐為裘，
兩兩三三舴艋舟。
能縱櫂，慣乘流，
長江白浪不曾憂。

唐詞格調之清新流麗，於此可見一斑。

詞藝二：《花間》麗詞

五代後蜀廣政三年（公元九四〇年），一部影響深遠的詞集在蜀中編輯完成。這就是被宋人奉爲「倚聲塡詞之祖」的《花間集》。

《花間集》中的詞人可以分爲三類：一是溫庭筠、皇甫松，他們本是晚唐人。溫庭筠與李商隱齊名，當時稱爲「溫李」。他死於咸通末年，未見黃巢之亂。皇甫松是中唐文人皇甫湜之子，終身布衣，其卒亦在唐亡之前。二是和凝、孫光憲，他們是西蜀以外的詞人。和凝曾經出任後晉宰相，因爲他少年時愛作曲子詞，所以當時人稱他爲「曲子相公」。孫光憲則長期在荊南作官，《花間集》中收錄的，是他的少年之作。三是韋莊、薛昭蘊、牛嶠、張泌、毛文錫、牛希濟、歐陽炯、顧敻、魏承班、鹿虔扆、閻選、尹鶚、毛熙震、李珣，共計十四人，他們是長期生活於蜀地的詞人。

《花間》詞絕大多數寫的是男女離別相思的題材，這就奠定了「詞爲豔科」的基礎，呈現了類型化的綺麗香軟的詞風。

溫庭筠《更漏子》詞曰：

王爐香，紅蠟淚，
偏照畫堂秋思。
眉翠薄，鬢雲殘，
夜長衾枕寒。

* * *

梧桐樹，三更雨，
不道離情正苦！
一葉葉，一聲聲，
空階滴到明。

這首詞抒寫秋日之離愁別思，尋常情景，卻寫得淒婉動人。故譚瑩《論詞絕句》讚曰：

溫李詩名舊日齊，

樊南綺語說《無題》。
《金荃》不譜「梧桐樹」，
恐並《花間集》也低！

韋莊《菩薩蠻》詞曰：
人人盡說江南好，
遊人只合江南老。
春水碧於天，
畫船聽雨眠。

＊　＊　＊

爐邊人似月，
皓腕凝霜雪。
未老莫還鄉，
還鄉須斷腸！

這首詞當是韋莊追憶往昔客居江南情事而作，寫景圖貌之平易清美，古今難出其右者。故周之琦有詩感歎曰：

《浣花集》寫浣花箋，
消得孤篷聽雨眠。
顧曲臨川還草草，
負他「春水碧於天」！

皇甫松有《夢江南》詞曰：

蘭燼落，屏上暗紅蕉。
閑夢江南梅熟日，
夜船吹笛雨瀟瀟，
人語驛邊橋。

清代厲鶚以爲有《楚辭》風味，讚曰：

美人香草本《離騷》，
俎豆青蓮尚未遙。
頗愛《花間》斷腸句，
「夜雨吹笛雨瀟瀟」。

《花間》之綺麗婉約風氣，透過以上所舉詞章，亦可以想見一般了。

詞藝三：正中堂廡

馮延巳，守正中，南唐著名詞人。歷來評論馮詞，在涉及他的人品、詞品時，總是會產生分歧的意見。就人品而言，馮氏的確是一個十分複雜的人物。他在世時，大臣孫晟就曾當面諷刺他，說是「鴻筆藻麗，十生不及君；詼諧歌酒，百生不及君；諂媚險詐，累劫不及君（陸游《南唐書》）。朝廷物議，則將他歸於「四兇」、「五鬼」之列。他好作大言，然而身居宰輔之位，卻無所措施。所以單從人品而論，馮氏是無可推許的。

然而就詞而言，馮氏詞章之清雅，情致之纏綿，態度之嫣然，這些都是公認的。一個動盪的時代，一種黨爭的政局，一顆有著人格缺損的心靈情感世界，表現爲清美、雅致的詞章，這就形成了一種奇特、迷離而又耐人尋味的文學景觀。

近人王國維在《人間的詞話》中推崇馮延巳的詞章創作，他說：

馮正中詞雖不失五代風格，而堂廡特大，開北宋一代風氣。與中、後二主詞皆在《花間》範圍之外。

又以溫庭筠、韋莊詞與馮詞作比較說：

溫、韋之精豔，所以不如正中者，意境有深淺也。

一曰「當廡特大」，二曰「意境有深淺」。王氏以「堂廡」喻詞，其實就是他的境界說、意境說的翻版。意境由情景融合而成。境界亦有二端：一曰有形之境界，自然、景物、人事是也；二曰心中之境界，情感、意志、精神是也。相對於《花間》詞而言，馮詞在這兩方面都有所拓展，故曰「堂廡特大」。

馮氏《鵲踏枝》詞曰：

誰道閒情拋棄久？
每到春來，惆悵還依舊。
日日花前常病酒，
不辭鏡裡朱顏瘦。

* * *

河畔青蕪堤上柳，
為問新愁，何事年年有？
獨立小橋風滿袖，
平林新月人歸後。

曰「閒情」、曰「新愁」，似有一段人生感觸寄蘊其中，而較《花間》之豔情更為廣遠，更能觸發讀者多方面的聯想。

馮氏《南鄉子》詞曰：

細雨溼流光，

芳草年年與恨長。
煙鎖鳳樓無限事，
茫茫，
鸞鏡鴛衾兩斷腸。
＊　＊　＊
魂夢任悠揚，
睡起楊花滿繡床。
薄倖不來門半掩，
斜陽，
負你殘春淚幾行！

這首詞的上闋以「細雨溼流光」形容春草，又以春草隱喻春恨，情景雙美。下闋「魂夢任悠揚」與「楊花滿繡床」蕩漾出一片迷離惝恍的意境，結句尤其幽怨感人。

馮詞中還有一些寫景的句子，如「蘆花千里霜月白」（《歸國謠》）、「霜積秋山萼樹紅」（《拋球樂》）、「坐對高樓千萬山，雁飛秋色滿闌干」（《拋球樂》）等，景物開闊。至於興象的寄託，如「殘酒欲醒中夜起，月明如練天如水」（《鵲踏枝》）、「酒罷歌餘興未闌，小橋秋水共盤桓」（《拋球樂》）、「忍更思量，綠樹青苔半夕陽」（《采桑子》）等，淸新雅麗，從中可以感到與《花間》詞風格上的差異。

詞藝四：後主風度

在五代詞史上，李後主被稱爲「變新詞風」的作家。這種變新主要表現在三個方面：

1. 一曰體的轉變。
2. 二曰情的拓展。
3. 三曰藝術風貌的更新。

我國一直存在一種代言體的文學：代天地立言、代聖賢立言、代百姓立言……。李後主以前的詞，大體上也可以稱爲「代言體」，即代才子佳人、遊子思婦立言。溫庭筠《菩薩蠻》「心事竟誰知，月明花滿枝」、「花落子規啼，綠窗殘夢迷」，是代閨中女子立言。韋莊《應天長》「別來半歲音書絕，一寸離腸千萬結」、《木蘭花》「獨上小樓春欲暮，愁望玉關芳草路」，是代思婦立言。馮延巳《臨江仙》「夕陽千里連芳草，風光愁煞王孫」、《羅敷豔歌》「憑仗東流，將取離心過橘洲」、《菩薩蠻》「和淚試嚴妝，落梅飛曉霜」、「雲雨已荒涼，江南春草長」，都是代才子佳人立言。李璟作爲一國之君，他傳世的幾首詞作中抒發的是閨中女子傷春悲秋、懷念遠人之情，也是屬於「代言體」。

到李後主時，這種傳統便逐漸地改變了，代之以詞人的自我抒情爲主。李後主雖然仍有「代言體」的詞作，如《喜遷鶯》「曉月墮，宿雲微」、《采桑子》「庭前春逐紅英盡」、《搗練子令》「深院靜、小庭空」等，但是更多的還是表現後主個人生活與情感的詞章。

與此同此同時詞情的空間範圍也被拓展了。在後主之前，詞主要表現的是人類性情中的豔情相思與閒情逸致。清越別致的，如李珣之《漁歌子》：

楚山青，湘水淥，
春風澹蕩看不足。
草芊芊，花簇簇，
漁艇棹歌相續。

＊　＊　＊

信浮沉，無管束，
鉤迴乘月歸灣曲。
酒盈斟，雲滿屋，
不見人間榮辱。

詞中表現的是隱逸的樂趣，似乎仍然可以歸於閒情中去。再就是鹿虔扆的《臨江仙》：

金鎖重門荒苑靜，
綺窗愁對秋空。

翠華一去寂無蹤，

玉樓歌吹，聲斷已隨風。

＊　＊　＊

煙月不知人事改，

夜闌還照深宮。

藕花相向野塘中，

暗傷亡國，清露泣香紅。

詞中抒發的是興亡之感，在以豔情爲主體《花間》詞中，算得是特殊的例外了。

李後主詞中，生命之感、故國之悲生發成爲主要的情感內涵。於是詞不再只是表達豔情相思與閒情逸致，而是傳達了廣泛意義上的人類「性情」。

這又更新了詞的藝術風貌。在後主之前，詞格儘管疏密、濃淡的區別，然而主體上仍然呈現出溫麗婉約的風格。王國維在《人間詞話》中，曾以「畫屏金鷓鵠」形容溫庭筠的詞品，以「絃上黃鶯語」形容韋莊的詞品，以「和淚試嚴妝」形容馮延巳的詞品，他們詞章風情之綺麗幽怨便不難想見了。而後主詞中，則有了「四十年來家國，三千里地山河的廣大蘊涵」，有了「一江春水向東流」的磅礴氣勢，更有了「自是人生長恨水長東」的深沉人生寓意。所以李後主在詞藝上的貢獻是，他不僅完善了婉約派的技巧，還開創了豪放派的詞風。夏承燾《瞿髯論詞絕句》評李後主曰：

淚泉洗面枉生才，
再世重瞳遇可哀。
喚起溫韋看境界，
風花揮手大江來！

赤子之心

「赤子」，本義就是嬰兒。嬰兒初生時，全身赤色，故曰赤子。《老子》中說：「含德之厚，比於赤子。」赤子厚德在於他的柔和，因為他本身是生命力的象徵，就像春天草木初生時一樣。赤子的筋骨軟弱，然而以手握物卻很有力量。赤子整天啼哭喉嚨卻不會吵啞，他的氣息是柔和的、綿綿不絕的。赤子的積蓄是厚的，表現是真的，氣質是和的。所以《老子》又主張說：「常德不離，復歸於嬰兒。」

赤子之心是一株未曾沾染世俗塵垢的綠草，它的根深深地植於人類的本性中。

李後主的赤子之心卻並非這種本真、先天的嬰兒之心。李後主的赤子之心是後天的，是文化薰陶而成就的，是一種真誠、自然、而不矯飾的人生態度。

這種人生態度與儒家誠信的觀念、莊子逍遙的精神、禪宗即心即佛的思想存在著有機的聯繫。《中庸》有云：「誠者，天之道也；誠之者，人之道也。誠者不勉而中，不思而得，從容中道，聖人也。」又云：「君子誠之為貴。誠者非自成己而已也，所以成物也。成己，仁也。成物，知也。性之德也，合外內之道也。」儒家認為誠是人性固有之德，是協合外內之道。莊子主張人類精神的消遙無待，禪宗提倡認識自心、體會佛性，離開了誠更無從言說。正是這種後天文化的薰陶，造成了李後主眞誠而不矯飾的人生態度。當他歡樂時，他便把自己的歡樂無所保留地寫出來；當他痛苦時，他便把自己的憂傷毫不掩飾地傾洩出來，他表現自己的癡情、表現自己的軟弱、表現自己的無奈、表現自己的困惑。一句也不說虛僞的話，一點也不保留自己的身份與面子。從古以來，哪裡有君王自道幽會的作品呢?李後主將它寫出來，而且讓它流傳到宮廷之外。南唐滅亡之際，他也沒有空洞的宣示，卻寫出「垂淚對宮娥」的詞句。這些，都顯現出李後主的一片單純的心地。

李後主一定沒有想到要讓他的作品永世長存。亦唯其如此，它們才能千古不朽，具有活潑的生命力。

李後主的赤子之心還表現爲一種善意，表現爲對有生之物悲憫的心態。傳說李後主曾經到青龍山打獵，網到一隻母猴。母猴見到後主，便兩眼下淚，若有所告。後主感覺奇怪，便囑咐隨從人員不要傷害這隻母猴。晚上，母猴便產下兩隻幼猴。在打獵回來的路上，李後主又來到審理囚徒的大理寺，親自訊問案情，寬大處理了不少的犯人。

李後主不是一個賢明的君主。然而他的眞誠與善意，卻獲得了人民的同情。所以，當他死亡的消息傳到江南，故國的人民自覺地爲他設齋、巷哭！

藝術與人生

在我國古代，藝術主要指具體的技藝。孔子教學生禮、樂、射、御、書、數，稱爲六藝。《禮記·少儀》說「士依於德，游於藝」，也是指上述六藝。所以《晉書》的《藝術傳》便說藝術是「棄之如或可惜，存之又恐不經」的小道，將天文、曆算、陰陽、占侯、相術，巫醫都一起歸於「藝術」了。

不獨中國古代爲然，西方也是如此。古代西方有建築師的藝術、陶工的藝術、裁縫的藝術、幾何學家的藝術等等。有人認爲藝術依賴於對規則的認識，所以亞里斯多德曾將藝術規定爲以恰當的知識製作某種東西的能力。

到了近代，當人們探討藝術的深厚內涵時，人們越來越傾向於不僅僅把藝術當成某種表現的技巧，而把它當作生命存在與靈魂棲遲的方式，當成一種人生態度。人們正試圖從生命本來的意義與人性的展示上去接近藝術的本體。

於是人們意識到，當莊子講述著鯤鵬圖南、列子御風的故事時，他只是面對「大動亂時代人生所受的像桎梏、倒懸一樣的痛苦中，要求得到自由解放」，而這種求之於自己心靈的自由解放的精神，「用現代的語言表達出來，正是最高藝術精神的體現」（徐復觀《中國藝術精神》第二章）。

於是人們意識到，莊子講述庖丁解牛、梓慶削木爲鐻的寓言所以啓示人們的，正是一種徹頭徹尾的藝術精神，「藝術家由此而成就藝術地作品，而莊子則由此而成就藝術地人生」（同上書，第二章）。

《莊子》的首篇是《逍遙遊》。徐復觀在《中國藝術精神》中說：「遊」象徵了精神的自由解放，合於藝術的本性，「能遊的人，實即藝術精神呈現了出來的人，亦即是藝術化了的人。」

李後主便是這樣的人。在後主的一生中，他從事了廣泛的藝術實踐。在書法、繪畫、音樂、舞蹈以及詞章創作的諸領域，他都傾注了熱情，取得了成就。因此，藝術成了李後主生命綠洲上的陽光雨露，後主的生命亦因此而具備了藝術的價值。

李後主「遊」於繪畫、「遊」於書法、「遊」於樂舞、「遊」於詞章藝術，他獲得了精神的自由與生命的快感。

於是，在李後主的人生中，藝術不再只是一種工夫、技巧，它成了人性自在的展示，成了心靈審美的觀照，成了對生命意義的探詢，成爲了一種生存方式。從人性的意義說，李後主是那麼平易又那麼高華，那麼素樸又那麼輝煌，那麼瀟灑又那麼執著！在他的眼中，萬物都是有知覺、有靈性、有情感的。他用心靈與之交流，又從此處得到情感的回報。

這是一個身居君位而又多情善感的生命。只有在藝術的幻境中，他的脆弱心靈才能得到安慰。只有在藝術的氛圍中，他才能呼吸到清新自由的空氣，他的生命才不會窒息。

於是，李後主將自己的生命化作了藝術的存在，化作了「藝術人生」。

文學之旅

春花秋月何時了，往事知多少？
小樓昨夜又東風，故國不堪回首月明中。
雕闌玉砌應猶在，只是朱顏改。
問君能有幾多愁？恰似一江春水向東流。

——李煜《虞美人》

《漁父》詞

唐代有一位著名的隱逸之士張志和，別號煙波釣徒、浪迹先生，又號玄眞子。他本來是一介書生，十六歲時遊太學，以明經擢第。曾經獻策肅宗，深受賞識，被任命爲翰林待詔。後來他遭到貶謫，宦情頓消，於是隱逸閒居，泛舟垂釣，過著自在逍遙的日子。他又是一個具備藝術氣質的人，愛畫山水。傳說他作畫皆因酒後乘興，一邊是擊鼓吹笛的奏樂，一邊是舞筆飛墨的繪畫。須臾之間，筆下千變萬化，應節而成。

最具盛名的是他的《漁父》五首。其中一首詞曰：

西塞山前白鷺飛，
桃花流水鱖魚肥。
青箬笠，綠簑衣，
斜風細雨不須歸。

＊　＊　＊

釣臺漁父褐為裘，
兩兩三三舴艋舟。
能縱櫂，慣乘流，
長江白浪不曾憂。

當時，張志和還配合詞意作畫。據《唐代名畫錄》說，這套畫卷「隨句賦象，人物、舟船、鳥獸、煙波、風月，皆依其文，曲盡其妙。」《唐才子傳》亦云：張志和「善畫山水，……自撰《漁歌》，便復畫之，興趣高遠，人不能及」。從這些敘述中，可以依稀想見當日的風采。這是唐代宗大歷年間的事情。

張志和的《漁父》詞在唐代盛傳於世，和者甚多，遠播東瀛，成一時之大觀。南唐畫苑衛奉畫了一幅《春江釣叟圖》，李後主也在上面題了兩首《漁父》。其詞曰：

浪花有意千重雪，

桃李無言一隊春。
一壺酒，一竿身，
世上如儂有幾人！

＊　＊　＊

一櫂春風一葉舟，
一綸繭縷一輕鉤。
花滿渚，酒滿甌，
萬頃波中得自由。

李後主詞對於漁父生活的描述，是充滿了詩意的。浪花是精神的瀟灑，桃李是生命的象徵，萬頃波中的一竿輕鉤，則是生命與意志自由的表現。

比較而言，張志和詞是他的眞實生活記錄，李後主的詞則是他的隱逸理想的投影。

它們一個是現實的，另一個則是幻想的。

重按《霓裳》歌編徹

唐明皇與楊貴妃事跡之最具藝術情味者，爲潤色、創作《霓裳羽衣曲》樂舞一事。而李後主與周娥皇夫妻生活之最爲人稱道者，亦爲修復並重視這一舞曲。後主有《玉樓春》詞曰：

晚妝初了明肌雪，
春殿嬪娥魚貫列。
笙簫吹斷水雲間，
重按《霓裳》歌徧徹。

* * *

臨春誰更飄香屑？
醉拍闌干情味切。
歸時休放燭光紅，

待踏馬蹄清夜月。

這首詞所寫的，便是後主與娥皇共同修復、排演《霓裳羽衣曲》樂舞的情景。詞中展現的純然是一片藝術的境界：「晚妝」二句，寫演員儀態之美；「笙簫」二句，寫樂舞聲情之美；「臨春」二句，寫觀賞者興致之高；「歸時」二句，寫排練之後心情之曠逸與神韻之悠長。

《霓裳羽衣曲》原本爲仙曲，其樂聲帶有濃鬱的浪漫飄逸的氣息。王建《霓裳辭》曾形容說：

一聲聲向天頭落，
聽風聽水作《霓裳》。

而白居易《霓裳羽衣舞歌》亦形容說：

鸞鳳舞了卻收翅，
唳鶴曲終長引聲。

試想：樂曲之初，各種絲竹樂器次第發聲，音調清越而悠長，曲終則長引一聲，如同鶴鳴九天之上。這不就是李後主所云「笙簫吹斷水雲間」的情景嗎？《霓裳羽衣曲》的舞姿也是優美動人而富於變化的。白居易又形容道：

飄然轉旋回雪輕，
嫣然縱送游龍驚。
小垂手後柳無力，
斜曳裾時雲欲生。

這種如輕雲、如游龍、如垂柳，動靜相生的舞姿，從第七遍開始，一直要舞到曲終十二遍，其中還要排演多次。「重按霓裳」，即重新演奏《霓裳》樂曲，一直到全曲的終了。

下片寫心情的陶醉與意趣的瀟灑。《霓裳羽衣曲》既有聲有色，有伴奏的笙簫，有清曼的歌舞，其間復有濃馥的清香隨風飄散。長久消聲匿跡的一代樂舞，靠著後主與娥皇的藝術辛勞，終於將殘缺的樂譜補全，使絕跡於世的舞樂在如此優雅的環境中得以再現，此情此境，其樂何如！「醉拍闌干」，便將這種樂陶陶的心情描畫出來了。「歸時」二句更以「馬蹄踏夜月」抒發悠然自得於心的神韻與瀟灑不羈的意趣。

近人俞陛云曰：

其「清夜月」結句，極清超之致。

傳說《霓裳羽衣曲》，原本就是月宮之中的仙曲。《唐逸史》記載：開元中，中秋之夜，唐玄宗與道士羅公遠共同登月。約行數十里，只見精光奪目，寒色侵人。遂至大城闕，羅公遠曰：「此月宮也。」見仙女數百，皆素練寬衣，舞於廣庭之中。玄宗問曰：「此何曲也？」答曰：「霓裳羽衣也。」李後主在排演了《霓裳羽衣》樂舞之後，便吩咐不點火燭，讓馬蹄踏著清夜皎潔的月光，悠然歸去。他的心情，想必是還沉浸在月宮仙境的藝術幻想之中哩！

清歌一曲嬌無那

李煜與娥皇之間有著豐富多彩的夫妻生活。他們一起整理、修補了《霓裳羽衣曲》，一起組織排演了這一套大型舞曲。自然的，他們之間也不乏戲謔、調笑、輕鬆、開心的時刻。

《一斛珠》寫的便是便是這種夫妻戲謔情趣——

曉粧初過，
沈檀輕注些兒箇。
向人微露丁香顆。
一曲清歌，暫引櫻桃破。

* * *

羅袖裛殘殷色可，
杯深旋被香醪涴。

繡床斜凭嬌無那。

爛嚼紅茸，笑向檀郎唾。

這首詞中的主人公，應當就是性格活潑而又富於音樂才能的少婦周娥皇了。如前所述，後主曾經與娥皇雪夜酣宴，娥皇酒後舉杯邀請後主起舞，可知娥皇本人能飲酒、愛歌舞，經常參加一些藝術演出的活動。這首詞的上闋先寫娥皇的妝飾：清晨，她流理好鬢髮，插戴好首飾，又塗點口紅。做口紅所用的顏料名叫「沈檀」，用沈檀塗飾的便是「檀口」了。丁香又名雞舌香，含咀它可使口味帶著芳香的氣息，這裡比喻美人之舌。唱歌的時候，她張開了櫻桃小口，於是那甜美的歌聲也就帶著清香在殿堂間蕩漾了。

下闋寫演出結束後的宴會。因爲心情歡悅，周娥皇不免脫略形跡。羅袖被酒沾濕，她也毫不在意。她已經有幾分醉意了，便斜靠在繡床邊，一副嬌娜可愛的情態。詞的最後，描寫了這對年輕夫妻之間的一個戲謔的細節：酒後的娥皇含笑將嚼在口中的紅絨線向愛人的方向吐去！

對於詞末所描寫的這一細節，有表示推許而欣賞的。如今人詹安泰說：

給人印象最深的是結尾嚼絨唾檀郎的描寫，從這種動作中來表達女人撒嬌的神態，在以前是沒有被發現過的。

也有人對此表示鄙視，大肆抨擊的，如清人李漁在《窺詞管見》中說：

此倡樓婦倚門腔、梨園獻醜態也。嚼紅絨以唾郎，與倚市門而大嚼，唾棗核瓜子以調路人者，其間不能以寸。

是耶，非耶？李煜與娥皇之有著共同的藝術生活，有著和諧的夫妻情感，其間偶爾的調笑戲謔之事，又何不以平常的心情給予諒解呢？

雲一緺，玉一梭

李煜的《長相思》是一首格調淡雅的小令，是一位青春少女的素描像。其詞曰：

雲一緺，玉一梭，
澹澹衫兒薄薄羅。
輕顰雙黛螺。

＊　＊　＊

秋風多，雨相和，
簾外芭蕉三兩窠。
夜長人奈何！

上闋寫其貌，下闋寫其情。

寫貌不用工筆，不施重色，只用淡淡的鉤勒，便描畫了這位少女如雲的秀髮（「雲一緺」即一團烏黑如雲的頭髮）、髮髻上的玉簪（「玉一梭」形容玉簪的形狀），她的裝束，以及微皺雙眉的神態，一位身材苗條、容貌秀麗、情態嫻雅而又微露憂傷的少女的倩影便顯現了出來。

寫情則用點染烘托之法，再現了這位女子的生活環境，從而抒寫出在西風蕭瑟、秋雨稀稀瀝瀝地敲打芭蕉葉的漫長秋夜裡，這位青春少女的孤獨寂寞之情。

以聲寫情是我國古代詩詞中最富藝術情味而最具神秘感的一種技法。因為在對於自然的殊多感受中，聲音給予人心的感覺最為奇妙，最難以言說。其精微處只能用心神去體會，而不能作理智的分析。《詩經·小雅·車攻》有云：「蕭蕭馬鳴，悠悠旆旌」，其感觸能夠言說嗎？王績《入若耶溪》詩云：「蟬噪林逾靜，鳥鳴山更幽」，其境界能夠描述嗎？王維詩《輞川閑居贈裴秀才迪》曰：「倚杖柴門外，臨風聽暮蟬」，其意蘊能夠條分縷析嗎？

本詞抒寫夜雨芭蕉的心理感受，亦當作如是觀。杜牧有《雨》詩曰：「一夜不眠孤客耳，主人窗外有芭蕉」，芭蕉夜雨聲給杜牧帶來的是寂寥的旅思。徐凝有《宿冽上人房》詩曰：「覺後始知身是夢，更聞寒雨滴芭蕉」，芭蕉夜雨聲給徐凝帶來的是人生的感悟。本詞中的這位少女聽著夜雨敲打芭蕉的聲音，她的心泛起的是青春覺醒的思情。

溫庭筠詞《更漏子》下闋曰：

梧桐樹，三更雨，
不道離情正苦！
一葉葉，一聲聲，
空階滴到明。

也是以聲寫情之例。不同的是，溫詞藉梧桐夜雨表現離情，而後主詞藉芭蕉夜雨抒寫思情。而在藝術構思上，二詞同一機杼。

夢回芳草思依依

李煜《喜遷鶯》詞曰：

曉月墮，宿雲微，
無語枕頻欹。
夢回芳草思依依，
天遠雁聲稀。

＊　＊　＊

啼鶯散，餘花亂，
寂寞畫堂深院。
片紅休掃儘從伊，
留待舞人歸。

這是一首色彩鮮明、意境優美的小詞。要理解它，必須要讀懂兩個意象……一個是芳草，一個是落花。

芳草是春天的象徵，它芊柔、晶潤、新鮮、活潑，使人感受到春的氣息與生之意趣。而那些純眞的少女。又常穿著碧綠顏色的羅裙。人心之移情交感，便將二者對應聯繫了起來。南朝江總妻《賦庭草》詩曰：

雨過草芊芊，
連雲鎖南陌。
門前君試看，

是妾羅裙色。

而五代牛希濟《生查子》詞曰：

記得綠羅裙，

處處憐芳草。

於是芳草便被女性化了，成了年輕少女（或少婦）的象徵。

落花則寄託了對於青春流逝的惋惜之情。

這也是一個沿襲長久的意象。張若虛《春江花月夜》描寫思婦之怨曰：

昨夜閑潭夢落花，

可憐春半不還家。

溫庭筠《望江南》詞曰：

山月不知心中事，

水風空落眼前花。

李璟《浣溪沙》詞曰：

風裡落花誰是主？

思悠悠。

當春光漸老的時候，那一片一片的花瓣在風中飄落了，這是一件令人感傷的自然物象。而少女的青春年華隨著歲月的流逝而褪去美好的光澤，這不也是一件令人惋惜的人生現象嗎？

讀懂了這兩個意象，《喜遷鶯》詞中的情事便了然於心了：這是一個清晨，曉月已經落下，隨著晨熹初現，天邊的雲影也淡去了。詞的主人公度過了一個思緒不寧的夜晚。他先是倚枕而臥，難以入眠。後來矇朧睡去，在夢中似乎見到他所懷念的情人。然後是天邊的雁鳴聲把他從夢中喚回。此時他的心情，還停留在依依不捨的惆悵中裡。

既然醒了，再也難以睡著，他便走出了臥室。畫堂、深院，因爲不見了她的身影，顯得格外寂寞、空曠。清晨嘰嘰喳喳的啼鳥飛散後，餘花亂落。這更加重了他思念所歡的情緒。他不禁說道：不要掃去那片片飄落的紅色花瓣，就留在那兒，讓她回來自己去看、去想吧！

爲什麼不掃落花呢？有人分析了其中的兩種意思。第一，要留給歡愛的人看，紅花飄落是多麼可惜，來引起她的驚惕。第二，要讓歡愛的人明白，惜花的人對此又是多麼難堪，來引起她的憐惜。希望以此來感動她的心，以後不再遠離。

總之，這首詞傳達的是愛花惜花，留戀春光的心情，而春光就象徵了青春與愛情。

數聲寒砧到簾櫳

李煜《搗練子令》曰：

深院靜，小庭空，

斷續寒砧斷續風。

無奈夜長人不寐，
數聲和月到簾櫳。

這是一首征婦懷人之詞。在漫長的歷史年代裡，為了保衛國家的安全和百姓正常的生活，需要在邊境上駐紮大量的軍隊。這些戍邊士卒的身份是征夫，他們遠在家鄉的妻子也就是征婦了。

征婦的生活是淒涼而辛勞的。每到秋風吹起的時候，她們便要為丈夫備製寒衣。備製寒衣的第一道工序是「搗素」，即將布帛放在搗衣砧上，用杵將之棰平，又曰「搗衣」。久而久之，它便形成了一個相對確定的意象。沈佺期《獨不見》詩曰：

九月寒砧催木葉，
十年征戍憶遼陽。

張若虛《春江花月夜》曰：

可憐樓上月徘徊，

應照離人妝鏡臺。
玉戶簾中卷不去，
搗衣砧上拂還來。

王建《搗衣曲》曰：

月明中庭搗衣石，
掩帷下堂來搗帛。
重燒熨斗帖兩頭，
與郎裁作迎寒裘。

李白《子夜吳歌》曰：

長安一片月，
萬戶搗衣聲。
秋風吹不盡，
總是玉關情。

何日平胡虜，
良人罷遠征！

在寂靜的夜晚，在空曠的庭院，隨著陣陣的秋風，伴著如水的月色，傳到長夜難眠者宿前的便是這種搗衣聲。

明代文學家楊愼讀著這首《搗練子令》，爲它蘊藉的詞美所打動，但又覺得意猶未足，便詭稱他得到了古本。古本上是一首前後兩闋的《鷓鴣天》：

塘水初澄似玉容，
所思還在別離中。
誰知九月初三夜，
露似珍珠月似弓。

* * *

深院靜，小庭空，
斷續寒砧斷續風。

無奈夜長人不寐，
數聲和月到簾櫳。

楊愼所補四句爲詞中相思不寐的女子安排了一幅大背景，在天上是如弓的殘月，在地上是淸澄的塘水與草木上的露珠。「誰知」二句，借用白居易《暮江吟》詩語。其詩曰：

一道殘陽鋪水中，
半江瑟瑟半江紅。
可憐九月初三夜，
露似珍珠月似弓。

「所思」句，則用唐人王渙詩意。王渙《惆悵詩》曰：

謝家池館花籠月，
簫寺房廊竹颭風。
夜半酒醒憑檻立，

所思多在別離中。

楊愼將「所思多在別離中」的「多」改爲「還」，不僅將泛指改成了特指，亦可見離別之長久。而改白居易詩「可憐九月初三夜」的「可憐」爲「誰知」，更傳達出思婦的孤獨寂寞之情。

李後主的《搗練子令》結體純淨而情深，楊愼的補作色調明麗而豐鬱。兩相比較，可具藝術創作的確是各見性靈了。

爲誰和淚倚闌干

李後主的《搗練子》是一首小巧而優美的閨情詞。其詞曰：

雲鬢亂，晚妝殘，
帶恨眉兒遠岫攢。
斜托香腮春筍嫩，
為誰和淚倚闌干？

描寫閨中思情的詩詞容易落入熟套，而此詞別開格調；閨情詞容易沾染脂粉氣，而此詞如同一幅素描畫。它用比喻寫形相：「雲鬢」是形容女子烏雲般的鬢髮，「遠岫攢」形容她的雙眉象像山一樣緊蹙不舒。古人畫眉如望遠山的形狀。謂之「遠山眉」，始於漢代的卓文君，其事載於《西京雜記》。這裡就是雙眉凝愁帶恨、緊皺不展的意思。「春筍嫩」形容她的手指柔嫩得如同春筍一樣。於是人們會想：這樣一位青春少女，她皺著眉頭，手托香腮，雙目含著眼淚，久久地倚在欄杆前，她是爲了誰、又是盼著誰呢？

這首《搗練子》的意思便是這樣單純，一點也不難理解。明代楊愼又在它的前面加了幾句，將它改題爲《鷓鴣天》詞曰：

節候雖佳景漸闌，
吳綾已暖越羅寒。
朱扉日暮隨風掩，
一樹藤花獨自看。

＊　＊　＊

雲鬟亂，晚妝殘，
帶恨眉兒遠岫攢。
斜托香腮春筍嫩，
為誰和淚倚闌干？

楊慎所補前兩句說到季節。這是晚春，正是春意闌珊時節。天氣乍暖還涼，穿著吳綾裌襖覺得熱，而穿著越羅輕衫又有幾分寒意。朱有燉《宮詞》云：「內苑秋深天氣冷，越羅衫子換吳綾。」晚春時分，又到了服裝換季的時候，故云。後二句說：在韶華將近的春暮，天色向晚時，她只能獨自地與一樹藤花默默相看！這裡節藤花可能是紫藤花，它盛於暮春時節。唐代白居易有詩句曰：「惆悵春歸留不得，紫藤花下漸黃昏」。所以紫藤花的開放，便是春歸的信息。「一樹藤花獨自看」，其情感的寄寓也就在此了。

接著是登樓遠望，倚欄等待。閨怨、春思之情，便一氣貫穿了。

楊愼爲李後主詞中的閨情安排了特定的季節，提供了氣氛的烘托，使得它更加豐滿動人了。

黃昏獨倚闌

李煜有《阮郎歸》詞曰：

東風吹水日銜山，
春來長是閑。
落花狼籍酒闌珊，
笙歌醉夢間。

* * *

珮聲悄，晚妝殘，
憑誰整翠鬟？

* * *

留連光景惜朱顏，
黃昏獨倚闌。

《阮郎歸》，一名《醉桃源》。依據一個古老的傳說：東漢明帝時，有劉晨、阮肇二人入天台山採藥，因爲迷失了道路，饑餓欲死。這時，他們遠遠望見山上有一株大桃樹，結了許多果實，便攀援葛藤爬了上去，得食仙桃。後來相遇二仙女，邀約飲酒作樂，並與二仙女結爲情侶。劉晨、阮肇在山中留住半年，因爲思念家鄉而歸去。及歸人間，才發現村屋改觀，親舊喪盡。問訊鄉人，方知山中半年，而人間已歷七世。這就是《阮郎歸》詞牌得名的由來。

所以《阮郎歸》詞調，寫的多是男女離別相思之詞。

這首詞也是如此。它假借阮郎遇仙女的神話故事，作了人間男女情愛相思的話頭。在寫法上亦眞亦幻，相互照應。簡單地說，上闋主要寫一個「醉」字，下闋著力表現一個「思」字。

詞中先寫暮春景色。東風吹水，落花遍地，這是晚春的景象；落日依山，則是日暮的標誌。而「阮郎」呢，這是一個沉浸在笙歌醒夢間的浪子。他在流連歌舞與酒宴醉飲中，將三春美好的時光整個地虛擲了。

這便引出了詞中女子的怨思。她懷念著他，盼望著他的到來。她先是畫了晚妝，戴好珮環玉飾，耐心地等待著，然而他卻一直沒有到來。她於是倚在欄杆前，在黃昏的暮色中向遠方眺望。

她等待了多久呢？詞中沒有明說。但是據「珮聲悄，晚妝殘」二句，可知她等了很久很久，直到她確認他是不會到來了。歐陽修《生查子》詞曰：「含羞整翠鬟，得意頻相顧」，既然所歡不至，那又爲誰整理晚妝呢？儘管如此，想到自然春光的美好，想到人生青春的可貴，她還是爲了自己、爲春光感深深的惋惜。

所以這首詞是暮春懷人之作，抒寫的是男女間的離愁別恨。

然而在舊本中，這首詞的詞牌下有「呈鄭王十二弟」的題字。「鄭王十二弟」，一般認爲是指後主的胞弟李從善。開寶四年，從善出使宋朝，被宋太祖強留汴京，不得南歸。李後主上疏請求從善歸國，宋太祖不許。李後主倍感傷懷，每登高北望，便淚下霑襟。所以有人認爲，這首《阮郎歸》表達的是兄弟間的友愛情誼。按照這種解釋，詞中後主是以黃昏倚欄的女子自比了。

這只能視作對詞意的活用。李後主以此詞贈兄弟，可能有寄託，也可能無寄託。後人的理解，自然可以「作者未必然，讀者何必不然」了。

櫻桃落盡春歸去

櫻桃是春天的象徵。在大地回春的時節，它迎著東風舒展出繁麗如雲的花簇。它的果實呈鮮紅色，珠圓玉潤。梁簡文帝咏櫻桃，有「倒流映碧叢，點露擎朱實」之句。唐太宗《賦得櫻桃》曰：「朱顏含遠日，翠色映長津。」孫逖《和咏廨署有櫻桃》曰：「香從花綬轉，色繞佩珠新。」這些詩句，都可以令人想見櫻花櫻桃的美麗。

櫻桃成熟於初夏，於是「櫻桃落盡」便成爲春歸的標誌。李後主《臨江仙》詞曰：

櫻桃落盡春歸去，
蝶翻輕粉雙飛。
子規啼月小樓西。
玉鉤羅幕，惆悵暮煙垂。

*　*　*

門巷寂寥人散後，
望殘煙草低迷。
爐香閑裊鳳凰兒。
空持羅帶，回首恨依依。

這首詞中所描寫的「櫻桃落盡」、「蝶翻金粉」、「子規啼月」，都是晚春初夏的景象。那麼，它表達的是何種情致呢？詞中的蝴蝶是雙雙翻飛，反襯出主人的孤單；子規在夜月中的啼鳴，可以逗起對於遠方親朋的思念。王維《送楊長史赴果州》曰：「別後同明月，君應聽子規。」李白《聞王昌齡左遷龍標遙有此寄》曰：「楊花落盡子規啼，聞道龍標過五溪。我寄愁心與明月，隨君直到夜郎西。」不過本詞中子規啼月的意象傳達的不是對朋友的懷念，而是對情人的相思。月下聽子規、思念離別的情人，便是它的情感蘊涵。

景中有情，景中有人。「玉鉤羅幕，惆悵暮煙垂」，點明詞的主人正佇立窗前（羅幕掛在玉鉤上），面對著沉沉暮煙，浸沒在惆悵的情緒中。自然情人離去後，在孤棲寂寞之中，詞主人是經常在這裡眺望的。因爲極力眺遠，希望見到情人歸來的身影，兼之時間久長，到暮靄低垂時，遠處便呈現一片煙草迷茫的景色。

詞的末三句寫室內之景：香爐升起的煙柱在空中盤曲繚繞，化作宛若鳳凰的形狀。這對於詞主人的傷感的心神又是一個刺激。「羅帶」也是一個體現男女愛情的意象，古人常用結帶表示男女相愛。梁武帝《有所思》曰：「腰中雙綺帶，夢爲同心結」，可證。本詞中「空持羅帶，回首恨依依」，也就是訴說空結同心而兩情阻隔、不能相聚的離情別恨。

這首詞有近景、有遠景，有室外景、有室外景。它由眼前之景推及極遠之景，又從極遠之景拉回室內的景。景象暗換之中，情致相應變化。上闋以寫景作暗示，僅僅說「惆悵暮煙垂」；下闋以人事點題旨，明確道「回首恨依依」。全詞情調的展示是漸近的，婉約的。

蔡條《西淸詩話》說：「後主圍城中作此詞，未就而城破。」有些人據此而極力從詞中尋找寄託，認爲它抒發了亡國之思，其實並無必要。從意境看，它純粹是一首表達男女愛情相思的篇章。

林花謝了春紅，太匆匆

以意象組合爲意境的詩詞，常常可以包容多重的寓意。這首《烏夜啼》就是如此——

林花謝了春紅，太匆匆。
無奈朝來寒雨晚來風！

* * *

胭脂淚，留人醒，幾時重？

　　自是人生長恨水長東！

它的上闋傷春，下闋傷別。杜甫《曲江對雨》詩曰：「林花著雨胭脂濕」。本詞繼承了這一意象而加以改造。它寫的不是「林花著雨」，而是風雨摧殘了林花，是朝來寒雨晚來風把美好的春光斷送了。一個「太匆匆」，一個「無奈」，把詞人強烈的戀花惜花之意盡情地吐露了出來。

過片「胭脂淚，留人醉」承上啓下，語意雙關。林花遇雨，狀若紅淚；女子傷別，激濕胭脂。此情此景，豈不令人生出無限的留戀之意？然而離別在即，相見無期，所以離恨也就如同綿綿東去的波浪，永遠沒有一個盡頭。

藝術家筆下的世界，其實並非實相，而只是一種情緒的象徵。清代畫家惲南田曾論畫中之境曰：

　　諦視斯境，一草、一樹、一邱、一壑，皆靈想所獨闢，總非人間所有。其意象在六合之表，榮落在四時之外。

對於這首《烏夜啼》，我們也可以作如是觀。面對後主筆下這朵形象嬌麗而又生命脆弱的紅花，我們說不準它來自何處、歸向何方？它是生命的體現、理想的寄託、家國的幻象、抑或眞的只是一位美麗少女的倩影？這樣，我們就說不準那「胭脂淚」是寫眞、是隱喩，還是情感物象化的別的形式。我們只知道，這朵紅花不是人間所有的，它開在詞人的的靈臺上，是詞人早晚用心血、用精神去培育、去護持的。它經過了整整一個冬天的等待，終於開放了。開放得如此嬌豔，又如此脆弱！當無情風雨摧殘了它、使之凋謝時，恰好與人人可感的人生缺憾發生了微妙的對應。於是在一煞那間，人們的心被無常的利箭射中了、穿透了。因而連鐵石心腸的人也禁不住黯然傷神，乃至潸然淚下了。

林黛玉《葬花詞》曰：「花魂鳥魂總難留，鳥自無言花自羞」，「明媚鮮豔能幾時，一朝飄泊難尋覓」。林黛玉爲之動情的也是她心中的花。所以她要爲之哭泣，爲之落淚，去收集、安葬它的「豔骨」，送它們到一個清淨的處所。

秦樓不見吹簫女

古代有一個流傳廣泛的神話傳說：秦穆公時，有一位善於吹簫的高士，名叫簫史。他的簫聲悠揚飄逸，引得孔雀白鶴落在他的庭前。簫史與穆公之女弄玉戀愛，後來結成夫妻。簫史每天敎弄玉吹簫。幾年過去了，弄玉的簫聲和悅圓美，好似鳳鳴之聲，引得鳳凰也飛來了。後來有一天，蕭史與弄玉終於隨鳳凰飛去了。

這個故事記載在漢代劉向的《列仙傳》上。

神話傳說中的簫史與弄玉是一對美滿的夫妻。他們情投意合，又有著共同的音樂愛好。這與南唐李後主與大周后的婚姻有幾分相似。

不幸的是，當李後主二十八歲時，大周后因爲重病與喪子之痛，溘然而逝了。

於是後主寫下了這首《謝新恩》詞：

秦樓不見吹簫女，
空餘上苑風光。
粉英金蕊自低昂。

東風惱我，纔發一衿香。

* * *

瓊窗夢笛留殘日，

當年得恨何長！

碧闌干外映垂楊。

暫時相見，如夢懶思量。

詞中抒發的是悼念亡妻之情。上闋寫人去樓空，而風光依舊。各種品色的鮮花在春天裡照樣開放，它們高下相間，錯落有致。而一襟微風吹來，更送來了惱人的幽香。

春天的花香何以令人反生煩惱?這自然是由於它引發了後主傷懷的情緒，觸動了他對於亡妻的思念。下闋於是寫到夢境，寫到夢後的殘日與垂楊，寫到自己正當青春年華卻遭遇到如此的情與恨。「當年得恨何長」的「當年」是青、壯年的意思。正當青春時節卻喪失愛妻，這不僅使後主內心生出綿長的悲傷，而且令他生出無常的感懷。所以詞中疊合的是兩重夢境：一是瓊窗下的夢，這是因爲思情而生之夢；二是人生之大夢，這是個因悟而感之夢。詞的首句曰「秦樓不見吹簫女」，末句曰「如夢懶思量」，這就形成了首尾的呼應。說是「懶思量」，其實他又怎能不思量呢？

這首詞雖以悼亡爲主題，但是藝術風貌是精致婉約的。它不是寫事實的本身，而是表達一片傷惋的心情、一段思緒的投影，就像天際一縷閃耀五色的雲絲，飄忽而美麗……

這首詞題曰「《謝新恩》」，其實是《臨江仙》詞調。

風回小院庭蕪綠

春天回來了。「春風又綠江南岸」，又吹綠了李後主庭院前的春草，吹綠了柔嫩婀娜、依依多情的楊柳枝。楊柳也從冬天的沉睡中甦醒了麼？那晶瑩潤澤的柳葉，不就是春的媚眼麼！

李煜《虞美人》詞曰：

風回小院庭蕪綠，
柳眼春相續。
凭闌半日獨無言，
依舊竹聲新月似當年。

* * *

笙歌未散尊前在，
池面冰初解。
燭明香暗畫樓深，
滿鬢清霜殘雪思難任。

李後主站立小樓上，在欄杆前眺望著春色。他已經站立了很久了，身邊沒有一個人，他也沒有一句話。他的心情像輕霧般飄落下來，化成露珠，點點滴滴地滋潤著春之原野。春色也悄悄地用輕風、用綠草、用柳眼撩撥著他的敏於感受的心。

這是人與自然之間一場心靈與情感的交流。

依舊是輕風、綠草、柳眼相續。突然間，悠然地傳來一陣清風敲竹的聲音。清風敲竹是一首悠遠感人的詩章，是一首韻味雋永的音樂。它是許多細小清脆聲音的和諧組合，就像一首詩由許多詩行、一首樂曲由許多音符組成的一樣。李後主用心靈去感受著竹聲音色的清逸與韻味的綿長。

月亮也升起來了。這是一彎新月，它總是那麼嫵媚，那麼含情脈脈！它照過了古人，照見了今人，照過了多少的春秋代序，照過了多少興亡聚散！舊王朝衰敗了，新王朝興起了。一茬人老去了，一茬人長大了。這就構成了綿延不絕、生生不已的人類生存史。

在與自然的心靈交流中，李後主領悟了，他聽到歷史前進的匆匆腳步聲。他想起往年的情景：也是春天，也是輕風、綠草、柳條吐出了嫩芽，也是春風敲著竹韻，新月高懸天空，池面薄冰剛剛融化的時節。不同的是那時有許多朋友聚在一起，飲著美酒，欣賞音樂。

「依舊竹聲新月似當年」，不同的是人生的聚散與生命的衰老。今日的孤獨代替了昔日的聚會，今日的滿鬢白髮代替了昔日的青春容顏。對於生命的悲感、對於國事的憂愁，在這竹聲新月的韻意中都融成一片了。

轆轤金井梧桐晚

「多情自古傷離別，更那堪、冷落清秋節」，柳永《雨霖鈴》中的這兩句詞，道出清秋離別心境之凄苦，甚於其它季節。秋風颯颯，秋雨綿綿，秋葉飄落，都極易喚起離人纏綿、憂傷的情懷。

《采桑子》便是這樣一首秋日思念遠方親人的詞章——

轆轤金井梧桐晚，
幾樹驚秋。
晝雨新愁，
百尺蝦鬚在玉鉤。

* * *

璚窗春斷集蛾皺，
回首邊頭。
欲寄鱗游，
九曲寒波不泝流。

上闋重在描寫秋天的景色，有兩個主要的意象：一是梧桐驚秋，一是秋雨生愁。李白《贈別舍弟台卿之江南》曰：「梧桐落金井，一葉飛銀床」，王昌齡《長信秋詞》曰：「金井梧桐秋葉黃」，都是以梧桐葉落爲秋的象徵。本詞說「幾樹驚秋」，更使人強烈感受到秋風蕭瑟、秋樹搖曳、黃葉翻飛之狀，加濃了素秋的氣息。兼有秋雨萬點，漫天飄灑，怎不令詞中人油然生起愁思滿懷呢？「百尺蝦鬚在玉鉤」，百尺是樓勢之高，蝦鬚是窗簾之形，窗簾是掛在玉鉤之上。詞中人登高憑窗、對雨凝眺之態，便宛然浮現在目前了。

下闋重在抒寫離別之情。「璚窗春斷」意思雙關：一是說窗外景色的變化，即柳永《八聲甘州》「是處紅衰翠減，苒苒物華休」之意；二是說室內境況的改觀，往日親人共處的歡樂場面沒有了。此景此情，使她禁不住皺起了雙眉，懷念遠在天邊的親人。詞中「鱗游」是書信的代名詞。漢樂府《飲馬長城窟行》云：「客從遠方來，遺我雙鯉魚。呼兒烹鯉魚，中有尺素書」，後世因此以「雙鯉」代稱書信。這首詞又變化爲「鱗游」，還想像它眞的能游動，不過天氣寒冷，河道彎彎曲曲，使它難以溯流而上。結尾設想曲致，其本意只是說書信難寄，離情難訴。

這首詞意脈流動，有掩映曲折之妙，將女子觸景生情，憑窗遠眺，滿懷離恨，而難以寄達的情景，表現得淋漓盡致，委婉多趣。

昨夜風兼雨

宗白華先生曾說：詩人藝術家在人世間可具兩種態度：醉與醒。醒者張目人間，他的心像一面清瑩的鏡子。世間的光明與黑暗，人心裡的罪惡與聖潔，一體顯露。但是詩人更要能醒，能夢。由夢、由醉，詩人方能暫脫世俗，深深地墜入這世間人生的一層變化迷離、奧妙惝怳的境地。茫茫宇宙、渺渺人生，一種無可奈何的情緒，無可表遠的沉思，無可解說的疑問，令人愈體悟、愈深入……

李後主有《烏夜啼》，詞曰：

昨夜風兼雨，
簾幃颯颯秋聲。
燭殘漏滴頻欹枕，
起坐不能平。

* * *

世事漫隨流水，
算來一夢浮生。
醉鄉路穩宜頻到，
此外不堪行。

李後主能否進入這種奧妙惝恍的境界？當他清醒時，他看到了這個物象的世界。他已經看得太多了，他的內心情感已經積淀得太沉重了，沉甸甸的。但是依舊不能遲鈍他的敏感的神經，不能麻木他善於憂傷的心靈。

冬天過去了，春天過去了，夏天過去了，秋天又來到了。

秋風、秋雨、秋聲……。

當此秋風蕭瑟、秋雨淅瀝的夜晚，在颯颯的秋聲透過幃簾敲打詞人的心頭時，李後主正斜靠在床頭，對著殘燭，聽著漏滴。夜已經很深了，他的心間還是情感起伏，久久不能平靜下來。

這是經歷過巨大人生痛楚後的心靈悸痛。當這種痛苦伴隨著秋風、秋雨、秋聲綿綿無盡地湧來時，李後主恍然覺得以前所經歷的一切不過是一場虛無的夢幻。

《莊子·齊物論》曰：「方其夢也，不知其夢也，夢之中又占其夢焉。覺而後知其夢也。具有大覺，而後知此其大夢也。」

於是李後主覺得浮生如夢了。

與夢境相毗鄰的是醉鄉，這是幽徑相通、林木相錯的心靈之苑。人世的痛苦、憤懣與憂傷，在這裡都化作了一縷雲煙、一抹出色、一泓澹水。其間還有擺脫形跡、超越形相的靜思與體悟。

詞人說：只有通往醉鄉的道路穩便可靠，餘外不堪前往。

看來，李後主是要進入這奧妙惝恍境地，去憩息他痛楚而疲憊的靈魂了。

離恨恰如春草

仲春時節，到處春風和煦，春花嫵媚，春意駘宕。楊柳枝吐出了新芽，野地的青草一簇一簇的冒出了新綠。這是一個使人陶醉、使人歡悅的季節。

然而在遊子思婦的眼中，它們喚起的不是歡樂，而是迷離憂傷的情懷。

李煜《清平樂》詞曰：

別來春半，

觸目愁腸斷。

砌下落梅如雪亂，

拂了一身還滿。

* * *

雁來音信無憑，
路遙歸夢難成。
離恨恰如春草，
更行更遠還生。

這首詞中所抒寫的，便是仲春時節懷念遠方親人的親感。它的上闋重在描寫春景，下闋偏重抒發離恨。在寫景中有抒情，在抒情中又有寫景。而這些，都是通過塑造、選擇特定的意象來實現的。

一個是梅花，一個是春草。

對落梅而傷懷，是詩人的常情。詩人（包括詞人）的情感總是特別豐富的。他們熱受生活、流連生命，從而將對生命的關懷普及於自然界的一花一木、一枝一葉。何況梅花又是品格高潔、令詩人尤爲鍾情的名花呢？所以在梅花未開前，詩人要殷勤地寫詩去問它（王維詩曰：「來日綺窗前，寒梅著花未」），梅花晚開時，詩人要急迫地寫詩去催它（朱熹詩曰：「迎霜破雪是寒梅，何事今年獨晚開？應爲花神無意管，故煩我輩著詩催」），梅花剛剛綻放幾枝，詩人要邀約伴侶深情地去訪它（李清照有探訪梅花詞）。現在梅花飄落了，花瓣落在詞人的身上，很多、很多、很多。詞人的心中怎麼能不爲之惆悵而傷懷呢？「砌下落梅如雪亂，拂了一身還滿」，便是詞人精心塑造之境。人對落梅，有賞花惜花之意；梅花飄落，有春光漸逝之致。梅瓣滿身，更將人賞花、花戀人打成一片。梅花飄發如雪的紛亂，又暗示了詞人感春懷親情思的迷離、惝恍。

「離恨恰如春草，更行更遠還生」，以道旁的青草象徵離恨，則是對於傳統意象的繼承與改造。淮南小山《招隱士》曰：「王孫游兮不歸，春草生兮萋萋」，以春草爲景色的烘托；王維《送沈子福之江東》：「惟有相思似春色，江南江北送君歸」，以春色爲情思的渲染。本詞除了以春草擬情之外，還以「更行、更遠、還生」增加了節奏感與動勢，使得詞境更加優美活潑，更有風致。

這首詞還用了兩個傳統的表達離別相思的意象，一個是鴻雁傳書，一個是歸魂入夢。《漢書、蘇武傳》有雁足寄書之說，後世用爲典故。然而大雁飛來了，又飛去了，卻沒有關於親人的消息。「雁來音信無憑」，便吐露了深深的失望之感。《楚辭》有「魂一夕而九逝」之語，杜詩中有「環佩空歸月下魂」之語，南唐詩人張泌有「別夢依依到謝家」之語，都是說人的魂魄可以往來入夢。這首詞卻說「路遙歸夢難成」，連夢中都未能見到親人，就更令人悲傷、更難以爲情了。

新穎的意象、精心布置的意象組合，，構成了本詞的藝術美。

四十年來家國

秦末楚漢相爭中，西楚霸王項羽兵敗，被圍垓下。夜間耳聞四面楚歌，不勝悲傷，面對虞美人，他慷慨悲歌。其《帳中歌》辭曰：

力拔山兮氣蓋世，
時不利兮騅不逝。

騅不逝兮可奈何，

虞兮虞兮奈若何！

李後主與項羽境遇氣質迥然不同，他沒有「力拔山兮氣蓋世」的偉大魄力。但是，有人卻以李後主《破陣子》一詞與項羽《帳中歌》相比較，以爲「其詞悽愴，同出一揆」（《希通錄·論亡國之主》）。

李煜《破陣子》詞曰：

四十年來家國，

三千里地山河。

鳳閣龍樓連霄漢，

玉樹瓊枝作煙蘿。

幾曾識干戈！

一旦歸為臣虜，

沈腰潘鬢銷磨。

最是倉皇辭廟日。

教坊猶奏別離歌。

揮淚對宮娥！

這是李後主被俘北上後，在汴京追憶當年城破國亡之際、倉皇辭廟去國情事的詞。

上闋對南唐有國的回憶。在時間上跨越四十年：自從南唐開國至後主被俘，共計三十八年，「四十」乃舉其成數。在空間上包容三千里：南唐盛時，擁有廣袤的土地，豐富的物產。而國都金陵的景象，尤其蔚然壯觀。宮廷之中，有巍峨聳峙、上接霄漢的樓閣亭榭，有鬱鬱葱葱、蒙絡披拂的林木風景。生活在這種太平繁華境況中的李後主，他又何嘗懂得甚麼是戰爭！

「幾曾識干戈」，包含著後主深深的自責。李後主沉醉於書畫藝術、沉醉於詞章創作，沉醉於奉佛問禪，他卻不懂得政治，不懂得戰爭。現在，「三千里地山河」一朝盡失，「四十年來家國」因我而亡，在李後主的心中自然會有深重的痛苦與愧咎。所以這「幾曾識干戈」五字實在包含有無窮的寓意在內。

下闋提到兩個人物，一是南朝人沈約，一是晉人潘岳。沈約曾給朋友寫信，訴說自己因為多病而腰肢消瘦，「百日數句，革帶常應移孔」。潘岳在《秋興賦》中有云：「斑鬢髟以承弁兮，素髮颯以垂領」。後代便以沈腰潘鬢用作了身體消瘦、鬢髮斑白的典故。李後主由君主淪為臣虜，這巨大的打擊使得他憂傷不已。他的身體日見消瘦，頭髮也花白了。

最使李後主不能忘懷的是倉皇拜辭宗廟的一幕。古代帝王諸侯遇有軍國大事必祭祀禱告於宗廟。而後主之辭廟，卻是因為國家滅亡、身被俘虜！這是多麼悲慘傷懷的時刻！而當此時，宮中女樂還奏著別離的音樂。後主只能面對宮女，揮淚而別。

對於李後主亡國之際「垂淚對宮娥」一事，相傳蘇東坡曾有所批評。東坡云：「後主既為樊若水所賣，舉國與人，故當慟哭於九廟之外，謝其民而後行。顧乃揮淚宮娥、聽教坊離曲哉！」（《東坡志林》四）東坡乃性情通達之人，是否會作如是之論，大可懷疑。即使偶而言之，亦當視為戲言。因為他自己就是反對矯情造作，提倡在詩詞中表達眞性情的。

唐圭璋分析法：當年江南陷落之際，後主哭廟，宮娥哭主，哀樂聲、悲歌聲、哭聲合成一片，直干雲霄，寧復知人間何世耶！後主於此事印象最深，故歸汴以後，一念及之，輒爲腸斷。所以它是歷史的實錄，同時也表現了後主的性情之眞。

閒夢南國春復秋

李後主入宋後，經常夢中回到江南故國。

夢回故國是李後主的一個情結。在夢中他見到了江南美好的山河景色。有《望江梅》詞曰：

閒夢遠，南國正芳春。
船上管絃江面綠，
滿城飛絮混輕塵。

忙殺看花人！

閒夢遠，南國正清秋。

＊　＊　＊

千里江山寒色遠，

蘆花深處泊孤舟。

笛在月明樓。

試想：在風光明麗、景象萬千的江南故國，春天有碧綠的江水，游船上有悠揚管絃音樂，有在滿城飛絮中來來往往的看花人。秋日，寒山凝翠，景象淸遠，蘆花深處，夜泊孤舟。長空月華，一泄如水，更有那「長笛一聲人倚樓」（趙嘏詩）的高情逸趣。這是一幅幅多麼動人的圖畫！當李後主夢中重遊時，他的寂寞的靈魂完全融化在這和諧歡樂的幻境之中了。然而夢醒之後，他的心情又是怎樣的呢？

《望江南》詞曰：

多少恨，昨夜夢魂中。
還似舊時遊上苑，
車如流水馬如龍。
花月正春風！

＊　＊　＊

多少淚，斷臉復橫頤。
心事莫將和淚說，
鳳笙休向月時吹。
腸斷更無疑。

夢醒之後，剩下的就只有恨與淚。這裡的恨不是仇恨，而是一種巨大的心靈創痛。這種創痛是由於強烈的人生反差所致：夢中是昔日般的歡遊，夢醒後是幽囚的悲哀；夢中是車水馬龍的繁華，夢醒後是形影相弔的孤單。夢中的「花月正春風」，更加反襯出今日臣虜生涯的淒苦與無聊。

詞人落淚了，淚雨滂沱。縱有無窮心事，卻不堪言說；縱有滿腹怨思，卻不能託之笙管。儘管向人訴說心事可以排遣內心的痛苦，對月吹笙可以舒緩遭受壓抑的悲傷，然而現實的壓迫卻不能言說，也不允許有任何不滿情感的流露。那麼，淚盡腸斷，便是毫無疑義的了。

所以後主寫信給舊宮人，說「此中日夕只以眼淚洗面」。

往事只堪哀

南唐亡國後，李後主作為大宋王朝的俘虜一直被幽禁在汴京的一座小樓上。他的心中，此時餘下的只有悲哀。

《浪淘沙》詞曰：

往事只堪哀，
對景難排。
秋風庭院蘚侵階。

一桁珠簾閑不卷，
終日誰來？

* * *

金鎖已沉埋，
壯氣蒿萊。
晚涼天淨月華開。
想得玉樓瑤殿影，
空照秦淮！

對於習慣於熱烈繁華生活的李後主來說，幽禁的日子無疑是寂莫、痛苦、難以忍受的。他失去了人身的自由，未獲批準別人不能會見他，他更不能去拜訪別人。南唐舊臣徐鉉曾經去會見他，那是領受了宋太宗的旨意。而另一個曾經在南朝中任職的鄭文寶，則只能裝扮成賣魚的人同他說上幾句話。《十國春秋》（卷三十）記載說：

後主以環衛奉朝請，禁絕賓謁。文寶乃披蓑荷笠，作賣魚者以見，寬譬久之。後主為之感歎。

《浪淘沙》詞的創作背景如此。所以在詞的上闋，後主寫到了他的孤獨，以及孤獨中的思緒。

後主在幽囚之中，有了充分的時間去回顧往事。想到昔日的歡聚化作了今日的分離，昔日的熱鬧只留下今日的淒清，昔日的笙歌宴席換來的是如今的形影相弔，他的心中自然只能是悲哀。何況又是秋天到了，秋風颯颯，秋雨淅瀝。因爲長久無人行走，庭院中的苔蘚一直爬到台階上了。這種淒清的景象，令後主的心中十分感傷。後主是一個有赤子之心的人，他耐不住孤獨。他希望有人來會見他，然而他也知道這是不可能的。即使捲起窗簾久久地眺望，又能望見誰的身影？既然無人來訪，又何必捲起窗簾，癡心地等待呢！

詞的下闋抒寫故國之思。南唐建都金陵，而金陵舊說有帝王之氣，故楚威王曾埋金以鎮壓之。三國時，它又是東吳的都城。太康元年，晉武帝派遣大將王濬率水軍順江而下，討伐東吳。吳人在長江要害之處，並以鐵鎖橫絕江面，試圖阻擋晉軍的戰船。晉軍則以大火炬燒熔鐵鎖，使戰船得以順利通過。唐代詩人劉禹錫《西塞山懷古》前四句，「王濬樓船下益州，金陵王氣黯然收。千尋鐵鎖沈江底，一片降幡出石頭」，即咏此事。而詞中「金鎖」二句，便又融化詩意，並將因亡國而起的無邊悔恨、幽怨，一起寄寓其中了。

天色向晚，空中皎潔無雲，月華滿地。李後主對月悵望無邊的南天，他只能依稀想像月下金陵城內的宮殿樓閣，想像煙月籠罩下秦淮河水在靜靜地流淌……

秋風、月影，都繫著李後主的故國之思。

春花秋月何時了

人人都陶情過春花的開放，人人都感受過東風的吹拂，人人都沐浴過秋月的光華，人人都凝眸過一川春水的逝波。可是誰能寫出如此寓意深沉、境界開闊、氣象高華的千古絕唱？

李煜《虞美人》詞曰：

春花秋月何時了？
往事知多少！
小樓昨夜又東風，
故國不堪回首月明中。

＊　＊　＊

雕闌玉砌應猶在，
只是朱顏改。
問君能有幾多愁？
恰似一江春水向東流。

春花、秋月，這是自然界最爲常見而又最具性靈的意象。它周而復始而又永遠給人新鮮的感受。面對著它，有的人陶情人生，由衷地享受生命的快樂，也有人將心靈的感受浸泡在對於既往歲月的回憶之中。

李後主是耽於幻想的人。面對春花秋月，他想到的是無窮無盡的往事。作爲一個亡國之主，這種往事的回憶是美好的、也是淒涼的；是幸福的，也是痛苦的；是必然的，也是無奈的。常人面對春花秋月，自然會生出陶醉之情，小樓東風也會令人產生春歸喜悅之感，而李後主的感受是不同的。愈到後來，它愈是化成一種咀嚼不盡的苦澀，一種揮之不去傷感，一種無可奈何的靈魂悸痛。於是在詞人的筆下，故國人事融化在春風明月之中，而自然物象則籠罩在「不堪回首」、「何時了」的情緒之下了。

下闋詞境轉爲豪放而蒼茫。此時詞人的身軀似乎無限地壯大，挺立於天地之間。他於是看到了金陵故宮的雕欄玉砌，看到了那日夜奔流不止的滔滔江水。這時詞人的心情便與浩蕩的江水渾漭一氣了。謝朓有詩曰：

大江流日夜，
客心悲未央。

江水的那樣浩瀚，那樣激蕩不已，那樣日夜不息！它是春汛期的江水呢？它帶著詩人難以言說的憂傷，永遠地向東流去！

這其實是一種普遍的人生感受，一種性靈的閃光。當後主用它返照自然物時，於是春花、秋月、小樓、東風乃至一江流水都具有了活潑的生命。

俞平伯《讀詞偶得》說：詩詞創作，曲折似難而不難，唯直爲難。直訴胸臆，便可生出奔放的氣勢。氣勢奔放而又情致無盡，如「一江春水向東流」，可謂難矣。

此詞感人至深而又歷久彌新的藝術魅力，也就盡在於此了。

簾外雨潺潺

文人喜歡寫夢，因爲只有夢境可以寄託他們的幻思，只有夢境可以解脫他們人生的憂傷。

於是莊周夢見自己化作了一只蝴蝶。當他翩翩然在空中自由自在的飛舞時，他忘卻了自己原來是莊周。當他突然醒過來時，發現自己僵卧在那裡，他弄不明白是莊周夢中化爲蝴蝶哩，還是蝴蝶夢中化成了莊周？

於是江淹在夢中得到了五彩筆，從此文彩斐然。而一旦夢中又歸還了這隻五彩筆，他便文思頓減、江郎才盡了。

於是李白筆下寫道：「我欲因之夢吳越，一夜飛渡鏡湖月。」

夢境雖然是虛幻的，但它是人生實境的折光與補償。現實中已經失去的，夢中可以復得；存在中缺憾的，夢境可以修復而圓美。所以莊子說：夢中飲酒而歡樂的人，清晨醒來會悲傷哭泣；夢中悲傷哭泣的人，清晨醒來會有打獵的歡樂。

李後主也作了一個歡樂的夢。夢醒之後，他陷於深深的憂傷之中。《浪淘沙令》詞曰：

簾外雨潺潺，
春意闌珊。
羅衾不耐五更寒。
夢裡不知身是客，
一餉貪歡。

*　*　*

獨自莫凭闌，

無限江山。
別時容易見時難。
流水落花春去也，
天上人間！

在我國古代詩詞中，「春」是一個寓意豐富的意象。它可以指自然界的春天，也可以指人生歲月的青春，可以表達理想，也可以借喻愛情。所以，從詞中後主在五更春寒中一夢醒來，聽著窗外潺潺的雨聲，感受著春意闌珊（將盡）的惆悵，直到詞末感歎「落花流水春去也，天上人間」，這一貫穿全詞的傷春、悲春情緒，就不僅僅具有自然物候的意義了。它是感傷春天的流逝，感傷生命的凋謝，更是感傷故國的淪亡。由傷故國，進而生出自責的心理。「夢裡不知身是客，一餉貪歡」，以平常語說出，而有無限酸楚包涵其中。因爲貪歡乃是人之常情，何況是在春時，又何況是在夢中！然而身爲臣虜，卻依然沉溺於從前君主的享樂，在夢醒之後，這是怎樣一種令人尷尬而傷懷的情景啊！

夢醒了，就必須承受清醒者的悲哀。故國遠在重重關山之外，欲歸無路。獨自憑欄眺望，只能徒然增添無窮的煩惱。所以下闋「獨自莫凭闌，無限關山」二句最爲沉痛。詞人身遭幽禁的壓抑、怨楚、傷感、絕望的情緒，在這九字中都包蘊無餘了。後世如范仲淹《蘇幕遮》中「明月樓高休獨倚」、歐陽修《踏莎行》中「樓高莫近危闌倚」、辛棄疾《摸魚兒》中「休去倚危闌，斜陽正在、煙柳斷腸處」等，皆脫胎於此。而「別時容易見時難」更進一層傷春、悲故國的兩重情感打成一片，補足、說透了。

蔡絛《西淸詩話》云：「南唐李後主歸朝後，每懷江國，且念嬪妾散落，鬱鬱不自聊，遂作此詞。含思凄惋，未幾下世。」今人唐圭璋亦云：「此首殆後主絕筆，語意慘然。……『別時』一句，說出過去與今後之情況，自知相見無期，而下世亦不久矣。故『流水』兩句，即承上申說不久於人世之意。水流盡矣，花落盡矣，春歸去矣，而人亦將亡矣。將四種了語，併合一處作結，肝腸斷絕，遺恨千古。」據此，則知李後主創作這首詞後不久，就到別一個世界去追尋他心目中永恆的夢境了。

精神家園

無言獨上西樓，月如鉤。
寂寞梧桐深院、鎖清秋。
剪不斷，理還亂，是離愁。
別是一般滋味在心頭。

——李煜《相見歡》

有國者之憂

《莊子‧山木篇》記載：春秋戰國之際，有一位名叫市南宜僚的賢者往見魯侯。看見魯侯表情憂傷，宜僚便問道：「國君面有憂色，是為了甚麼呢？」

魯侯回答說：「我遵循先王之道，恪守先祖之業，敬事鬼神，禮待賢者，身體力行，不得休息，可是仍舊不免於憂患。我因此而感到憂傷。」

宜僚說：「國君您的避患之術太浮淺了。您知道嗎，山林中有皮毛豐美的狐狸與豹子，棲息隱伏於巖穴之間，所處夠安靜了。它白天潛藏，夜間活動，動作夠驚惕了。即使饑渴困苦，它還是到遠離人寰的江湖上覓食，心志夠堅定了。然而它們還是免不了陷於羅網，誤中機關，遭遇禍災。它們有甚麼罪過呢？它們的災禍，是由於擁有豐美的毛皮所致。對於國君您來說，魯國便是您的毛皮。我希望國君您捨棄君位，剝去這一層毛皮，拋開世俗的欲念，與道相輔而行。」

宜僚又告誡說：「統治別人的人心上總是有累患，被統治的人心上總是有憂患。我希望你捨棄累患，清除憂患，與道一體，同遊於大漠之野。人若能以虛已的態度悠遊於世，誰能加害於他，又有何憂傷呢？」

市南宜僚的話很透闢，很有哲理，然而難以施行。因爲有國者都不可能一走了之，到虛擬的精神王國去漫遊，去追求與道體合一的生活。

況且伺機爭奪與殘害的人比比皆是，布下的羅網與機關無處不在！每個人都有自己的社會責任。人非草木，孰能無情！

所以有國者總難免有憂傷。魯侯是如此，李後主也是如此！

亡國之前，李後主有詞句曰：

春光鎮在人空老，
新愁往恨何窮！

又有詞句曰：

嗈嗈新雁咽寒聲，
愁恨年年長相似！

亡國之後，李後主有詞句曰：

心事莫將和淚說，
鳳笙休向月時吹，
腸斷更無疑！

又有詞句曰：

問君能有幾多愁？
恰似一江春水向東流。

憂傷的情感，以及與之俱來的人生困惑，在李後主的身上愈來愈濃鬱，愈來愈強烈。從酒後的愁思悲歌到幽禁中淚水洗面，並且最終導致了後主生命的消亡。

那麼，究竟應該怎樣這種憂傷呢？

故國情思

南唐亡國前夕，大臣陳喬面李後主說：「自古迄今沒有不亡之國。……請允許我背城一戰而死。」」

就一代王朝而言，古今無不亡之國，這是一個不爭的事實。有興盛就必然有滅亡。自從夏後氏以天下爲一姓之私，開「溥天之下，莫非王土；率土之濱，莫非王臣」的由來，凡有一個開國雄主，就必然有一個亡國之君，概莫能外。夏禹治水是何等的辛勞，而夏桀虐待百姓，終於滅亡。商湯立國是多麼威赫，而商紂王除了自焚之外，簡直沒有別的出路。周文王、武王的文德武功又是何等輝煌，然而春秋戰國天下鼎沸的局面還是出現了。漢高祖劉邦斬白蛇而起義，在逐鹿中原中奪得了天下，然而到獻帝之世，他的子孫門悲慘的下場令人歎惋。唐高祖、太宗整頓乾坤，開創了盛唐基業，及至僖宗、昭宗時，又是怎樣一副目不忍睹的局面！

以上還只是佔據中原的正統王朝。至於割據一方的諸侯之國，忽起忽衰，忽興忽亡，其間之翻覆變化更是不勝枚舉了。

當一個王朝興盛時，生氣蓬勃，氣象萬千，天下之士皆爲我所使，天下之財富皆爲我所用，天下之土地人民皆爲我所有。此時天下似無不可爲之事，無不能成功之舉。而一旦民心背離，大局衰頹，動亂頻仍，大廈難支，所謂「運去江山不自由」是也。此時，離改朝換代、江山易主的日子就不遠了。

但是李後主並不屬於這一類。李後主雖然在政治上缺乏才幹，但是還不至於鬧到非要亡國不可的地步。馬令《南唐書》評李後主曰：

德雖不競，孰匪天亡？日月俱照，爝火銷光。

意思說，日月昇起來了，燭火自然也就要熄滅了；大宋趙氏當了皇帝，南唐國自然也就不能存在了。所以南唐失國只是「天亡」（天使之亡國），而非「人亡」（人爲之亡國）。

陸游《南唐書》亦評李後主曰：

雖仁愛足以感其遺民，而卒不能保社稷。

意思說：李後主有愛民之心，然而終究不能保有其國家。這眞是一種無可奈何的歷史悲哀！

《新五代史》說：

（李）煜嘗怏怏以國蹙為憂，日與臣下酣宴，愁思悲歌不已。

李煜被俘入汴京以後，其處境更爲難堪，心靈之痛楚亦更爲沉重。想到先輩創業的江山因我而亡，想到南唐的江山、人民從此失去再見的機會，想到自己犯下的種種過失，他的心靈將受到怎樣的煎熬啊！

故國之思，興亡之感，像一杯苦酒，浸泡著李後主的心。

生命憂患

對於生命的憂傷無疑是李後主所感受到的最深重的憂傷之一。

佛教認爲生命的存在就是苦，所以人生從一開始便浸泡在苦海裡。有八苦：生苦、老苦、病苦、死苦、怨憎會苦、愛別離苦、求不得苦、五蘊盛苦。試想：任何人當他來到人世，要經受種種人生的逼迫與風險，身不由已地走向衰老，走向死亡。當他疾病纏身、輾轉病榻之時，當他撒手人寰、託體山河之際，不是大苦痛嗎？越是憎惡的人，越是冤家路狹，無法迴避，這是「怨憎會苦」。越是親愛的人，偏要骨肉分離，這是「愛別離苦」。所嚮往的無法實現，所追求的不可得到，這是「求不得苦」。身心交瘁，精神折磨，色（身體）、受（情感）、想（心智）、行（意志）、識（意識）無不陷於極端矛盾的折磨中，這是「五蘊盛苦」。八苦聚集，沈澱在潛意識裡，就成了難以言說而又綿綿不盡的憂傷。

李後主的一生，尤其嘗盡了疾病與親人死亡的痛苦。

李後主的家族，由於遺傳稟賦的原因，幾乎一直籠罩在疾病與夭亡的陰影中。李昪有五個兒子，沒有一個活到五十歲的，平均年齡僅有三十六歲。李璟有十個兒子，其中二人年少夭亡，年壽最長的從善，活到四十八歲，可以考知者的平均年齡爲三十五歲。李煜有兩個兒子，長子仲寓三十七歲而亡，次子仲宣四歲而夭。仲寓一子名正言，亦早卒，於是李煜一門便絕後了。

李後主的一生中，這麼多的親屬遭受病魔之苦，而且都是突然起病，迅速惡化，最終致人死地。這不能不給他的心靈以強烈的刺激，使他產生人生無常、空幻如夢之感。特別是乾德二年（公元九六四年），這對於李後主來說是一個多災多難的年頭。該年的十月，深受後主疼愛的幼子仲宣夭亡，年僅四歲。十一月，愛妻大周后一病而逝。後主接連遭受到這兩個重大的人生打擊，其心情的頹喪便不難體會了。他在《悼詩》中寫道：

永念難消釋，
孤懷痛自嗟。
兩深秋寂寞，
愁引病增加。
咽絕風前思，
昏濛眼上花。
空王應念我，
窮子正迷家。

李後主在《輓辭》其一中云：

前哀將後感，
無淚可霑巾！

意思說，悲哀的事件接連不斷，淚水已經流盡了。《輓辭》其二中則云：

沈沈無問處，
千載謝東風！

意思說：對於生命深沈的疑惑，卻無處可以申問。
這就是李後主心中深永的生命憂患意識，它像雲霧籠罩著後主的精神家園。

《病起題山舍壁》詩

李煜有《病起題山舍壁》詩曰：

山舍初成病乍輕，
杖藜巾褐稱閒情。
爐開小火深回暖，
溝引新流幾曲聲。
暫約彭涓安朽質，

終期宗遠問無生。
誰能役役塵中累，
貪合魚龍構強名。

詩中所謂「山金」，就是李後主休息閒居的山間別墅。它的環境幽雅，近於自然，因此對於後主被塵世事務弄得倦怠而憂傷的心靈是一種撫慰。李後主覺得病也輕多了，於是乘興來到了這山中的新居。他手杜古藤杖，頭披粗布巾，只見山舍內的小火爐燒的暖和和的，而外面的清溪流水送來清悅的聲音。李後主於是感到滿足了他回歸自然的夢想。

在靜謐而悠閒的境界中，後主思索了社會與人生的問題。

說起來，李後主因爲先天稟賦的不足，故多疾病。據保存下來的殘句：

病態如衰弱，
厭厭向五年。

又有句曰：

衰顏一病難牽復，

曉殿君臨頗自羞。

透過這些詩句，便知道病魔是怎樣折磨著他，困擾著他，使他的生活中充滿了痛苦。於是他便想到了怎樣安頓生命的問題。他提到了四個人物，他們是——彭祖、涓子、雷次宗、慧遠。

彭祖、涓子屬於道教系統，都是傳說中著名的養生家。彭祖活了八百歲，還未見衰老，常有少容。涓子以服食養生，得以不死。李後主希望通過道教養生術的修煉，調養好自己有形質的生命。然而精神的寄託，還是在佛門中的西天淨土。佛教典籍記載：晉代著名高僧慧遠和尚，曾與雷次宗、劉遺民等十八人在廬山結白蓮社，發誓同修淨土，往生西天。「暫約彭涓安朽質，終期宗遠問無生」，意謂暫修彭祖、涓子養生之術以療病健體，而終究要效倣慧遠、雷次宗輩尊奉佛法，體會眞如無生無滅之妙諦。

道教珍視個體的生命，釋門追求永恆的眞如。在這清靜的山間別舍，李後主思考了人生的意義。世人紛擾，奔波於塵土之中，就像是一場幻術、一場遊戲。魚龍漫衍，變化萬端，爲的是貪求世俗的虛名。逢時的，權位顯赫；失勢的，危苦困蹙。然而這一切，豈不都是無常的安排、因緣的偶成嗎？

李後主怎麼能捨棄珍貴的生命，去追逐世上的浮名呢？

《病中感懷》詩

李煜後期生活中，令他痛苦堪的兩件事，一是生理的病痛，二是心理的憂傷。

李後主身染嚴重的疾病，這是可以從他的家族病史去考證，也在其詩作中反覆流露過的。這種疾病的具體情況已經無法詳知，然而他在身心上所受的折磨則是可以想見的。他非常敏感，性格脆弱，常常沉浸在虛幻的感傷中。這裡精神狀態，與他的君主身份是不適應的，但卻爲藝術創作提供了一種獨特的心理環境。

李後主有《病中感懷》詩曰：

憔悴年來甚，
蕭條益自傷。
風威侵病骨，
雨氣咽愁腸。
夜鼎唯煎藥，
朝髭半染霜。
前緣竟何似，
誰與問空王！

這首詩落筆便從身體與心理兩方面說。「憔悴」是說病，因爲疾病身體更加削瘦、憔悴了。「蕭條」是說心情，自我感傷的情緒是愈加濃重了。「憔悴」到了什麼程度呢？一陣涼風吹來，後主感到寒意侵入了骨髓，可知疾病摧殘身體的嚴重。「蕭條」又到了什麼地步呢？因爲心情的悲傷，面對冷風凄雨，後主不禁哽咽而淚下。接下去由情入事：「夜鼎唯煎藥」，對於疾病之沉重是一個補充；「朝髭半染霜」，則對心情的憂愁作了進一層的烘托。

李白有詩曰：「白髮三千丈，緣愁似箇長。不知明鏡裡，何處得秋霜？」相樣的，李後主鏡中的「秋霜」（白髮）又是因何而得呢？

佛門認爲生、老、病、死，是爲苦諦，而浮生一切因緣，莫非前定。那麼李煜之繼位爲南唐國主，他之遭受病魔之苦，遭遇失去愛子、喪失愛妻之悲，以及一切令他痛苦傷感之事，莫非是前世的緣份了。李後主眞想就這些疑義，好好地求解於佛門，傾聽佛法闡說的妙旨勝義，以撫慰、減輕他心頭的痛楚所以這首詩的結尾說：「前緣竟何似，誰與問空王」！

然而，空王（佛說一切皆空，故稱佛祖爲空王）能給他一個怎樣的答覆呢？

孤獨感

在人類的情感中，孤獨是一種十分複雜的心態。它表現爲一種期待、一種向往，一種渴求了解的心聲，一種無可告訴的幽怨。從「忽見陌頭楊柳色，悔叫夫婿覓封侯」的心靈自白中，從「淚眼問花花不語，亂紅飛過鞦韆去」的物色描繪中，都可以體會到這種情感。

詩人的孤獨感則是一種更高層次、更爲深沉的社會感情。它內蘊深厚，凝聚著撼人心靈的力量。讀著這樣的詩章，常常給人雷擊般的感覺。如唐代陳子昂的《登幽州臺歌》曰：

前不見古人，
後不見來者。
念天地之悠悠，
獨愴然而涕下！

它的特色是寫出了漫長的歷史歲月中詩人的孤獨感：時間是茫茫的千古，空間是悠悠的天地，當詩人登高眺遠時，無限廣擴的宇宙擠壓著他的心，觸動了他壯志難酬的傷感，他於是吐出了這慷慨有力的悲歌。

王維的筆下，這種心靈的孤獨發爲淸幽悱惻的低吟。《竹里館》詩曰：

獨坐幽篁裡，

禪琴復長嘯。

深林人不知，

明月來相照。

這是何等凄清的境界！深寂的樹林、幽靜的竹叢，唯有那淡淡明月的清輝拂照著詩人彈琴長嘯的身影。

在詩人李白筆下，這種孤寂之情則表現得更爲深重廣大。《獨坐敬亭山》詩曰：

衆鳥高飛盡，

孤雲獨去閑。

相看兩不厭，

只有敬亭山。

李白寫作此詩時，已經離開長安十年。「我本不棄世，世人自棄我」，便是他痛苦的心聲。於是詩人塑造了這樣的意境：鳥兒飛盡了，孤雲也飄走了，只有敬亭山與詩人默默相對。自然之有情，反襯出詩人的孤獨。

類似的意境又出現在柳宗元的《江雪》中：

千山鳥飛絕，
萬徑人蹤滅。
孤舟簑笠翁，
獨釣寒江雪。

鳥影不見了，人跡消逝了。在空曠的江天只有一個身披簑衣、頭戴斗笠的老翁在孤舟上垂釣。在這個孤獨的老翁身上，閃動著詩人的影子。

相比之下，李後主的孤獨帶著更爲悽惋的情調。《相見歡》詞曰：

無言獨上西樓，月如鉤。
寂寞梧桐深院鎖清秋。

* * *

剪不斷，理還亂，是離愁。

別是一般滋味在心頭！

詞中寫的是一種可想可感的離愁，然而它絕不僅僅是個人的。從他獨上西樓，仰望那如鉤的明月，從他傾耳凝聽梧桐秋聲的那一刻起，它便成了一種人類普遍相通的情感。

這就是生命的孤獨感。只有自覺地領悟人生的人才能品嘗這種孤獨感的深沉的憂傷。

「剪不斷，理還亂」的，其實又何止是離愁！它是古今傷心人共有的懷抱。

法眼宗

禪宗有「一花開五葉，結果自然成」之說，意謂達摩一祖後來衍生出曹洞宗、臨濟宗、雲門宗、溈仰宗、法眼宗五派，形成一片生氣蓬勃、繁盛非常的局面。

「五葉」之一的法眼宗，其創始人文益禪師便長期在南唐金陵傳道弘法。

文益（公元八八五年——公元九五八年），俗姓魯，余杭人。他七歲出家，從小受習佛法，又認眞研讀儒家經典著作，成爲年輕佛子中的佼佼者，被佛門高僧希覺和尙譽爲「我門之游、夏」（子游、子夏均爲孔門得意弟子）。爲了深究佛法，解除疑滯，他經常往返各地的寺院訪問名師大德。

有一次，因爲雨雪阻隔，他暫時寄住於漳州地藏院，順便拜訪在那裡的羅漢桂琛禪師。桂琛問文益：「此行何之？」

文益回答說：「行腳（指周遊四方以尋師問道）去。」

桂琛又問：「行腳怎麼樣呢？」

文益答曰：「不知。」

桂琛說道：「不知最親切。」

文益聽桂琛和尙說「不知最親切」，心中豁然有所開悟。因爲不識不知，無所執著，是悟道的最好途徑。

臨分別時，桂琛指著庭下的一塊石頭，發問道：「你平素常說『三界唯心，萬法唯識』，你且說說這片石頭是在心內、還是在心外？」

文益答曰：「在心內。」

桂琛幽默地反問道：「行腳人到處奔走，爲甚麼要安放一片石頭在心內呢？」

文益不知如何回答是好。於是重新安頓下行裝，再向桂琛和尙請教佛理。桂琛告訴他：「佛法是什麼個樣子。」

文益理絕詞窮，進一步請教。

桂琛說：「若論佛法，一切現成。」

「一切現成」就是說：一切都是自然而然地存在著，並非人爲的安排，而是本來就是如此。心裡有片石頭，也是本來如此，所以不會增添重量。

文益是具有上等根器的人，他一下子便大悟了。

文益逐漸形成自己的禪學思想，境養了自己的宗風。他在臨川崇壽院時，開堂宣講佛法，嘗云：

微言滯於心首，嘗為緣慮之場。實際居於目前，翻為名相之境。又作麼生得翻去？若也翻去，又作麼生得正去，還會麼？莫衹恁麼念策子，有甚麼用處？

可知文益繼承了南宗禪的思想，主張不能空讀佛書册子，而要自己用心去體悟。

南唐先主李昇開國後，將他迎至金陵，安頓在報恩禪院，既而遷住清涼寺。前後三坐道場，闡揚佛法，諸方叢林遵循他的風化，一時間門庭極盛，各地前來求學問法的僧人以千數計。

顯德五年，文益因病去世，中主李璟謚曰「大法眼禪師」。他的法系也因此被稱爲「法眼宗」。

李後主即位後，再謚文益曰「大智藏大導師」。

文益禪師

文益禪師的佛學思想：

1. 強調「三界唯心，萬法唯識」。

2.強調一切現成，無可執著。
3.強調理事圓融，一切具足。
三者相互補充，相輔相成。
有一次，文益與中主李璟在一起探討佛法妙義，然後同賞牡丹。文益應命賦詩曰：

擁毳對芳叢，
由來趣不同。
髮從今日白，
花是去年紅。
艷冶隨朝露，
馨香逐晚風。
何須待零落，
然後始知空！

牡丹花的物象是流動的、變化的、虛幻不常的。有人欣賞它的香艷，有人卻看到了它的露落。所以一切都是心設的，一切都是現成的，一切都是自然具足的。

它消釋了執著，達到了圓融無礙的境界。

文益《三界唯心頌》曰：

三界唯心，萬法唯識。
唯識唯心，眼聲耳色。
色不到耳，聲何觸眼？
眼色耳聲，萬法成辦。
萬法匪緣，豈觀如幻！
山河大地，誰堅誰變？

其高足弟子天台德韶有偈曰：

通玄峰頂，不是人間。

心外無法，滿目青山。

德韶又曾發揮禪宗妙旨說：

如何是禪？三界綿綿。

如何是道？十方浩浩。

總之，三界萬象，一切莫不非禪，一切莫非本心所有。不僅本有，而且具足。圓同太虛，無久無餘。法身無相，觸目皆形。般若無知，對緣而照。順從現成的萬象，適應自在的變化，過一種自然自在的人生。這就是法眼宗的人生妙諦。

文益在清涼山道場說法，曾云：

出家人但隨時及節，便得寒即寒，熱即熱。欲知佛性義，當觀時節因緣，古今方便不少。不見石頭和尚（指石頭希遷，著名禪宗高僧）因看《肇論》云『會萬物為己者，其唯聖人乎』，他家便道：『聖人無己，靡所不己。』

『靡所不已』，便與萬物同體了。所以文益又提倡慈悲爲懷、不涉巧僞的人生態度。

有人問：「十二時中，如何行履，即得與道相應？」

文益答曰：「取捨之心成巧僞。」

有人問：「如何是古佛心？」

文益答曰：「流出慈悲喜捨。」

法眼宗所證得的，是一個通明自在、圓融無礙的世界，是一個自然眞誠、慈悲爲懷的世界。

好透明，好澄澈，好清涼！

李後主沐浴著文益禪師所開創的法眼宗風。他嚮往的便是這樣一個透明、澄澈、清涼的精神世界！

南唐禪僧

南唐洪州道恆和尚曾說：「諸人各各是佛。」他又引古語云：

十方同聚會，
箇箇學無為。
此是選佛場，
心空及第歸。

何謂「心空」？和尚曰：「不是那裡閉目冷坐是心空，此正是意識想解。……但且識心，便見心空」，「所以古人道，心空得見法王。」

又有人問「祖師西來意」，道恆和尚有偈道：

不要三乘要祖宗，
三乘不要與君同。
居今欲會通宗旨，
後夜猿啼在亂峰。

道恆和尚強調認識自心，體悟自身的佛性。他得到的是六祖慧能、清涼文益的眞傳。

當時有一位行言和尚，也是文益的弟子。他某次坐在於佛堂，有斑鳩啼鳴聲傳來。行言問曰：「甚麼聲？」

旁邊的僧人回答：「斑鳩聲。」

行言說：「欲得不招無間業，莫謗如來正法輪。」

行言的話很玄妙，深藏機鋒。他認爲森羅萬象皆稟賦佛性，「譬如披法識寶，沙礫若除，眞金自現，……方即現方，圓即現圓。」他演說佛法道：

森羅萬象，諸佛洪源。顯明則海印光澄，冥昧則情迷自惑。苟非通心之士，逸格高入，則何以於諸塵中發揚妙極，卷舒物象？縱奪森羅，示生非生，應滅非滅。生滅洞已，乃曰真常。言假則影散千途，論真則一空絕跡。

他認爲佛性亘古常存，無處不在，而這又全靠「通心之士、逸格高人」的內心體悟。

李後主特地修建了報慈院，請行言和尚主持闡揚佛法，並賜號「玄覺導師」。

又有文道和尚，曾注釋《楞嚴經》。注釋完畢後，他前去拜訪文益禪師。交談之後，他深感自己佛法的浮淺，於是燒掉了所註之文從此專心悟道，忘記知解，禪學日進。他曾經說：「老僧平生，百無所解，日日一般。雖住此間，隨緣任運。」

李後主賜給他法號曰「雷音覺海大導師」。

金陵報恩院匡逸和尚亦云：

人無心合道，道無心合人。人道既合，是名無事。人且自何而凡，自何而聖？

人迷謂之失，人悟謂之得。得失在於人，何關於動靜？

因爲匡逸和尚佛法高妙，李後主「請居上院，署凝密禪師」（《五燈會元》卷十）。

又有智筠和尚，精通禪理。他認爲諸佛倡導涅槃，達摩祖師西來，都是爲了曉悟世人。李後主特爲修建了淨德院，請他住持，並賜號曰「達觀禪師」。

智筠和尚又說：「吾不能投身巖谷、滅迹市廛，而出入禁庭，以重煩世主，吾之過也。他屢請還山，李後主只好讓他回到五峰棲玄禪院。

所以南唐的禪風，一是要自心體悟，二是要隨緣任運。

後主悟禪

唐代天寶年間，湖南衡山有一位著名的高僧，名叫希遷。在他所居住寺院的東邊有巨石如台，希遷便在石台上搭起了一間茅草屋，住在裡面，所以世人稱呼他「石頭和尚」。有一天，石頭和尚讀《肇論》（後秦僧肇著），當他看到「會萬物為己者，其唯聖人乎」一語時，便拊几而歎說：「聖人無己，靡所不已。法身無象，誰云自他？圓鑑靈照於其間，萬象體玄而自現。境智非一，孰云去來！至哉斯語也。」

石頭和尚特別讚賞這種聖人無我、與萬物一體的思想。他做了一個夢，夢中與六祖慧能同乘一龜，游泳於深池之內。醒後，他將龜認作是佛的智慧，將深池認作是心性之海。與六祖同乘靈龜游於性海，這是多麼神聖非凡的徵兆啊！於是他便寫了《參同契》（漢代魏伯陽曾作《周易參同契》一書，石頭希遷借用爲題，演說佛旨），闡說佛性與萬象、心與物、理與事的關係。其中有云：

靈源明皎潔（靈源，指心），
枝派暗流注（枝派，即物）。
執事元是迷（執著於事則迷），
契理亦非悟（單契合於理亦非悟道）。
……
當明中有暗（佛性的顯示有明有暗），
勿以暗相遇（不要執著於「暗」）；
當暗中有明，
勿以明相睹（也不要只看到「明」）。
明暗各相對（明與暗參差交互為一體），
比如前後步。

石頭和尚《參同契》的法旨很深遠、很玄妙！清涼文益（即大法眼禪師）特爲之作注，其注辭亦深契禪心，使人讀之三歎不已。

宋代慧洪《林間錄》云：「李後主讀『當明中有暗』注辭曰：『玄黃不眞，黑白何咎！』遂開悟。」

李後主悟出了佛性永存、流注萬物的妙諦，悟出了明暗相對、參差回互的玄理，悟出了聖人無已、與萬物一體的深意。

又據《五燈會元》卷十載曰：

江南國主為鄭王時，受心法於法眼之室。暨法眼入滅，復嘗問師（指清涼泰欽禪師）曰：「先師有甚麼不了底公案？」

陸游《南唐書》記載李煜曾受封爲鄭王，後來改封爲吳王。所以這位江南國主，指的就是李後主。

李後主得法眼禪師親自傳授心法，其事雖已不可詳知，但從法眼平時說法中可以想見其彷佛大意。《五燈會元》載曰：

一日，法眼上堂，僧問：「如何是曹源一滴水？」法眼曰：「是曹源一滴水。」弟子德韶便豁然開悟，平生疑滯，渙若冰釋。

歸宗策真禪師，初名慧超，拜謁法眼，問道：「如何是佛？」法眼曰：「汝是慧超。」慧超從此悟入。

《人天眼目》說法眼的家風是「對病施藥，相身裁縫。隨其器量，掃除情解。」則後主之受心法，亦當有所針對，隨機開悟，心悟之處，難以言傳了。至於後主詢問「不了的公案」，則更見出他對於佛法的專注與虔誠了。

「莊」與「佛」

在古代文人的心目中，「莊學」與「佛學」其實是可以相通的。它們的本來目的，都是尋求對於現實世俗的超越。莊子認爲世間太黑暗了，所以要逍遙出世，與天地精神相往來，實現人性的自由與解放。佛教認爲塵世太痛苦了，所以要證成無上菩提，渡越到彼岸去，實現生命無生無滅的涅槃。二者入門的途徑也是可以相通的。莊子講心齋、坐忘，佛門講攝心、寂照，都追求一種神秘而永恆的生命境界。

在人生的趨向上，莊子引導人們走向山林，回歸自然，以人性的逍遙不羈抒發動自如的想像。佛教則認爲世事萬相，如夢幻泡影，有生即苦，啓示人們體悟自性，即心成佛。然而到了禪宗勃然興起，尤其是五葉繁盛之世，佛學又汲取、融化了莊學。所以在禪宗的思想中，常常可以感受到莊子的身影。

唐代永嘉玄覺的《證道歌》其中有云：

行也禪，坐也禪，
語默動靜體安然。
縱遇鋒刀常坦坦，
假饒毒藥也閒閒。

* * *

入深山，住蘭若，

岑崟幽邃長松下。
優游靜坐野僧家，
閒寂安居實蕭灑。

＊　＊　＊

一性圓通一切性，
一法遍含一切法。
一月普現一切水，
一切水月一月攝。

其中有禪，其中也有道。
法眼宗祖師文益有詩曰：

理極忘情謂，
如何有喻齊。
到頭霜夜月，

任運落前溪。
果熟猿兼重，
山長似路迷。
舉頭殘照在，
元是住居西。

詩中以月之任運寄寓人生哲理，禪中寓莊，莊融於禪。

李後主深受佛教意識（包括禪宗思想）的影響。他參加佛事、誦讀佛典，還曾經親自穿著僧衣帽畫過一幅「道裝像」（見米芾《畫史》）。在體悟了人生的痛苦之後，他更加虔誠地信奉佛法。另一方面，莊子思想對於後主潛移默化的作用也是不可忽視的。

佛門的影響是屬於心性的。而莊子的影響，則同時鑄造了他之樂生、重情而又浩蕩無際的藝術精神。

千古評說

別來春半，觸目愁腸斷。
砌下落梅如雪亂，拂了一身還滿。
雁來音信無憑，路遙歸夢難成。
離恨恰如春草，更行更遠還生。

——李煜《清平樂》

詞心

況周頤《惠風詞話》（卷一）有云：

吾聽風雨，吾覽江山，常覺風雨江山外有萬不得已者在。此萬不得已者，即詞心也。而能以吾言寫吾心，即吾詞也。此萬不得已者，由吾心醞釀而出，即吾詞之真也。

吾蒼茫獨立於寂寞無人之區，忽有匪夷所思之一念，自沈冥杳靄中來，吾於是乎有詞。

詞，是眞實的生命感受之藝術結晶。

當夜深人寂之時，塵世的一切喧囂漸次平息，這時你聽風聽兩，聽松濤、溪流聲聲滿耳，聽狗吠蟬鳴，突然覺得在風雨江山之外有一種獨立精神的存在。萬事萬物因爲這精神的生存、舒卷，也都具有了生命，活潑潑的。你覺得這獨立的精神與人的靈魂融匯一氣，而那風、那雨、那松濤、那蟬鳴狗吠也都因此具有了特別的蘊意。於是心中一念升起，躍躍不息。這種眞實的生命感受，便是「詞心」。

當你行進在人生的長途，聽著道邊的荷葉在秋風中瑟瑟作響，路旁的秋蟲如泣如訴的低吟。你一邊艱苦地跋涉，一邊領悟著人間萬相。人事相感，心物湊泊之際，一縷情思如泉水般從心底湧出，汩汩不止，綿綿不絕，令人萬不能已。這種感情，便是「詞情」。

當風雨如晦、雞鳴不已的黎明，當你排遣了無數人生的憂患與煩惱，萬緣俱寂。此時你的心中突然生出一道光明，這光明漸漸升起如滿月。月華晶瑩而澄澈，不僅照亮了自己的身心，也照亮了物相的世界。此時再回眸人生，只覺一切都像是重新排列過了，一切都披上新的光華。這種境界，便是「詞境」。

詞心、詞情、詞境，都是在生命感受的昇華。只有當人體悟生命時，這種感受才會被昇華，萬象才會普照著人性的光輝。

所以，寫詞不是刻紅剪翠、吟風弄月、搜索枯腸、雕章琢句。寫詞，是體悟生命的藝術。詞因爲這種生命的體驗，便有了人的性靈，有了詩情與哲理，有了震顫人心的力量。

李後主詞的藝術魅力也正在於此。後主筆下的自然萬物都是有情的，因爲它們的生命與後主的生命在靜夜相識、相依過。他們的靈魂受過同一片月華的沐浴與滋潤，所以富於光澤、富於美麗、富於性情。當李後主寫著春華秋月、青草落梅、一江春水時，他將人性的光輝也塗灑在上面了。

後主詞中的哀傷也是人生缺陷的一個投影。人生之有缺陷，有痛苦，這一感觸存在於每一個人生之有缺陷，有痛苦，這一感觸存在於每一個人的心頭。它使我們悲傷、苦泣、不能成眠。現在李後主把它寫出來了，寫得如此眞實，如此平易，如此綿長！於是人們忘記了李後主的世俗身份，只當他是普通人中的一員，當他是我們自己。

所以今人葉嘉瑩有詩咏李後主詞曰：

悲歡一例付歌吟，

樂既沈酣痛亦深。

莫道後失風格異，
真情無改是詞心。
情為主腦

後主詞有強烈的主觀抒情性。詞中所寫有情、有景、有事，莫不以情爲主帥，景、事爲賓從；情爲靈魂，景、事爲肌膚。情的光輝籠罩著景與事。當情、景交融時，景賦予情以形象，而情注入景以生命。二者相迎接，相融合，結合爲一體。《玉樓春》詞曰：

歸時休放燭花紅，
待踏馬蹄清夜月。

詞人並未明白地說情，然而高情雅趣一如月華遍披於萬物，無處不在。趁興踏月之風流俊邁，與寧靜的夜色、與柔美的月光、與清脆的馬蹄聲都融成一片了。

《烏夜啼》詞曰：

無言獨上西樓，月如鉤。

寂寞梧桐深院鎖清秋。

詞人舉頭見彎月如鉤，俯首秋色如斯。俯仰之間，感慨萬端。然而梧桐能感知人的寂寞嗎？小院能銷住清秋的景色嗎？這眞是「淺嘗者說破，深嘗者說不破」（徐士俊《古今詞統》）。

話有正說，有反說。正說著，訴說之常情也；反說者，變化而曲致也。李後主《阮郎歸》詞曰：

留連光景惜朱顏，
黃昏獨倚闌。

又《虞美人》詞曰：

凭欄半日獨無言，
依舊竹聲新月似當年。

這都是從正面言說。而凭欄眺望既久，而愁思依舊不能排遣，故而激發從反面為言。《浪淘沙令》曰：

獨自莫凭闌，

無限江山！

又《望江南》詞曰：

心事莫將和淚說，

鳳笙休向月時吹，

腸斷更無疑！

既然愁緒滿懷，傷心落淚，而莫凭欄、莫說心事、莫吹鳳笙，蓋無從遣懷，徒然增添憂傷。至此，情致愈深愈苦，愈曲愈悲，亦愈能動人。

正面而言，即之無窮；反面而言，揮之不去。

後主筆下，也有情景若不相涉者，如《謝新恩》詞曰：

粉英含蕊自低昂，

東風惱我，纔發一衿香。

又有詞曰：

春光鎮在人空老，
新愁往恨何窮！

「粉英含蕊」，寫出春花開放時無限旖旎的姿態。而以「自低昂」承之，人之無心賞花的形象便出現在眼前。又一襟東風送香，反令人增添煩惱。面對春光，只能喚起人的新愁舊恨。在情景之間，若有相牴牾，相矩離者，然而細細體味，實有縷情絲纏繞其中。韶華如斯，而物是人非，令人倍感惆悵。所以在情景若不相屬之下，卻留下哀樂相依、相反相成的想像空間。

天籟

《莊子・齊物論》記載：有一次，南郭子綦（傳說中得道的高士）凭几而坐，忘懷物我，達到萬物一體的境界。然後，他對其弟子顏成子游說：「子游啊，你只道人籟還未聽說過地籟，如果聽說過地籟總還未聽說過天籟吧！」

子游問道：「請教先生是甚麼意思？」

南郭子綦說：「大自然的呼吸，就叫作風。風不起則已，一起則自然的各竅孔都會怒號、鳴叫起來。你難道未聽風的呼嘯聲嗎？高山崔巍，大風與山石樹木相激盪。那些百圍大樹的竅穴，有的像人鼻，有的像人口，有的像人耳，有的像梁上孔，有的像杯圈，有的像臼穴，有的像深池，有的像淺坑。其聲音或如水流湍急，或如羽箭飛射，或如叱咄，或如噓吸，或如呼叫，或如嚎哭，或如深谷回響，或如歎聲凄切。前面唱則後面和，遇上清風就和聲小，遇上暴風就和聲大。狂風停息，則各種竅穴都寂然無聲。你難道沒有看到這時候的草木還在搖動不止嗎？」

子游說道：「先生所指的地籟便是自然界衆竅穴的風聲，人籟是竹簫所奏出的樂聲。請問，甚麼是天籟呢？」

南郭子綦回答說：「如同風吹萬物，發出各種不同的聲音，一切都是自然而然，而莫知其所以然。這就是天籟啊！」

清人周稚圭評價說：李後主的詞就是這種「天籟」，「恐非人力所及」。「天籟」貴在眞實。眞實是文學的生命，也是文學魅力的前提。而要達到眞實的境界則要破除「三毒」：一曰虛僞，二曰俗套，三曰名利心。創作之先便存心掩飾，盡情僞裝，「志深軒冕，而汎詠臯壤；心纏幾務，而虛述人外。眞宰弗存，翩其反矣」（《文心雕龍‧情采》），這是虛僞心。落筆之前，先有許多概念、名目橫亘胸中，許多現成的俗語套話翻騰腦際，是謂俗套之弊。或者本無虛僞之心，也知道俗套之可惡，然而落筆之前先有許多偏執的念頭。想要表現性靈，又怕失了雅正；想要牽就通例，又恐失於陳腐。水火交攻，左右爲難。心中少許眞情，早已杳無蹤影了。這是名利心。破除了「三毒」，庶幾可以談論眞實了。

「天籟」貴自然。先要泯滅將萬物區分高下的觀念，認識到「吹萬不同……咸其自取」。其形態、聲音儘管千差萬別，卻都是自然造化所致，因而無貴踐、優劣、高下的區別。如果宛若小的竅穴，卻偏要發出洪大的聲音；類似直的山洞，卻偏要奏出婉曲的音調，那就偏離自然了。

「天籟」貴眞、貴自然，然而文學家筆下的天籟又是一種藝術的聲音。人性是它的大地，社會的治亂、國家的興衰、人生的遇合、四時的變化，是它的風風雨雨。清風則小和，暴風則大和，風止則歸於寂靜。這就是藝術的「天籟」。

李後主的詞，眞實地抒寫了他的歡樂與悲傷，表現了他的人性的困惑與迷惘，所以它是「天籟」。

國色‧神秀

清代詞評家周濟說：西施、毛嬙，都是天下知名的美人。她們嚴妝美，淡妝美，粗頭亂服，亦不掩其國色之美。周濟比喻說：溫庭筠好比嚴妝之美女，韋莊好比淡妝之美女，李後主好比粗頭亂服，不假妝飾之美女。

「粗頭亂服，不掩國色」，這就是周濟爲李後主詞所作的畫像。

王國維說：「溫飛卿之詞，句秀也；韋端已之詞，骨秀也；李重光之詞，神秀也。」

「神秀」，這就是王國維對於後主詞所下的評語。

試將溫、韋、後主詞的藝術風貌作一簡要的對比與闡說。

溫庭筠《更漏子》詞曰：

柳絲長，春雨細，
花外漏聲迢遞。
驚塞雁，起城烏，
畫屏金鷓鴣。

＊　＊　＊

香霧薄，透簾幕，
惆悵謝家池閣。
紅燭背，繡簾垂，
夢長君不知。

像不像一個嚴妝美人呢？詞中有色（金鷓鴣、紅燭），有味（香霧），有實相（柳絲、春雨、花），有畫相（畫屏、繡簾），有聲音（漏聲、塞雁、城烏），還有夢境。總之，詞人調動了一切的手段來刻畫這位別緒惆悵、相思多夢的美人形象。然而，除了浮現在優美詞句之中的幾縷離情別緒，讀者又能補捉到甚麼呢？

韋莊《菩薩蠻五首》（其一）曰：

紅樓別夜堪惆悵，
香燈半捲流蘇帳。
殘月出門時，
美人和淚辭。

* * *

琵琶金翠羽，
絃上黃鶯語。
勸我早還家，
綠窗人似花。

與溫詞相對照，則一濃一淡、一密一疏。尤其要指出的是，溫詞所寫爲標準的流行歌詞，與個人行止、情緒所繫沒有必然的關聯，而韋詞則較多表現個人經歷、情感的作品。其《菩薩蠻五首》意脈貫穿流動，似可考見其平生經歷。其中「人人盡說江南好，遊人只合江南老」、「珍重主人心，酒深情亦深」、「洛陽城裡春光好，洛陽才子他鄉老」、「凝恨對殘暉，憶君君不知」等句，尤其語淡而情深，似若直率，而無限深曲，自然感人至深。所以王國維有「骨秀」之說，而周濟喻爲「淡妝美人」。

讀李後主的詞，固然可以品賞其中靈秀的句子，可以領略其間優雅的意境，然而最主要的還是那靈秀詞語，優美詞境之下蘊藏著的藝術精神，這就是「神秀」。「神秀」是一種藝術的態度，是人性自在的光華。當我們欣賞李後主詞時，我們知道那絕非單憑雕琢、鉤勒、點染、埋伏的技巧所能達到的。

清人王鵬運說，李後主詞「超逸絕倫，虛靈在骨」。又說：「芝蘭空谷，未足比其芳華；笙鶴瑤天，詎能方茲清怨」！他所要以形象啓示後人的，其實也正是「國色」、「神秀」數字。

當行本色

詞可以說是擬情、擬心、擬聲的藝術。從擬情的方面說，它表現了人類與生俱來、難以解釋而又不可名狀之喜、怒、悲、歡的全部清感內涵。從擬心的方面說，人類之心理活動微妙多端，化蝶成夢，輾轉難寐，夷猶徘徊，都有賴詞的形象以表示之。從擬聲的方面說，詞是音樂的文學，悠揚和暢的樂音與文采豐茂的麗句相結合，便構成了深情要眇的詞美。

所以詞是純情的文學，是最貼近人類心靈的文學，是適合於歌唱的文學。

這便是詞的「當行本色」。

徐釚《詞苑叢談》載沈去矜評曰：「男中李後主，女中李易安，極是當行本色。」

所謂「當行」，即在行、內行。所謂「本色」，即本來的風範與面目。陶明濬《詩說雜記》解釋「本色」說：「本色者，所以保全天趣者也。故夷光（即西施）之姿，必不肯污以脂粉；藍田之玉，又何須飾以丹漆?此本色之所以爲貴也。」在古今文壇上，有以學問講章爲丹漆者，則認編排詞藻、酊醖文章爲博美；有以身份權勢爲脂粉者，則認顯示地位、裝飾聲色爲宏美。二者皆非文之本色。本色者，人情之常、天趣之眞者也。

後主詞之本色，簡要地說，就是抒情眞實而不虛矯，寫心坦誠而不深隱，用語俗而不晦澀。有寫眞樂者、有寫眞愁者、有寫眞怨者、有寫眞恨者、有寫眞困惑者，都一一呈現出男女之情、家國之痛、人生之感的眞實心態。以君主的身份，而不虛矯以自尊，不矜持以自飾，以本色語、眞誠心，寫出人情的悲歡。不假雕飾，而一往深情；不事寄託比興，而自然生動感人。或如溪流，或如江河，從後主心中流出，直接潤注入千萬讀者的心田，隨物賦形，一如造化之工。

李後主詞用語平易曉暢而又生動洗練。他的許多膾炙人口的句子都如同白話：

1.《同調》：「林花謝了春紅，太匆匆！」

2.《虞美人》：「問君能有幾多愁？恰似一江春水向東流。」

3.《浪淘沙令》：「流水落花春去也，天上人間。」

這樣的句子簡直就像尋常白話。然而尋常白話能有如此生動的興象、如此深廣的寓意、如此感人的力量嗎？所以它又不是日常的口語，而是詞人認眞錘煉出的既明白易懂、又純淨雅致的文學語言。

李後主詞中有時也用到俗辭俚字，如《一斛珠》「曉妝初過，沈檀輕注些兒箇」中「些兒箇」、《浣溪沙》「酒惡時拈花蕊嗅」中「酒惡」、《望江梅》「忙殺看花人」，中「殺」等，皆一帶之方言、一時之俚語，用之可增擬聲的效果，使人格外感到親切有味。

李後主詞因此而被譽爲「當行本色」。

白朴感懷：「回首夢魂同」

被稱爲「元曲四大家」之一的白朴，保存下來的雜劇有《唐明皇秋夜梧桐雨》、《裴少俊牆頭馬上》、《董秀英花月東牆記》（一說非白朴原作）三本。這位從書本與現實中都閱歷了興衰變故的文人，在他五十歲左右時來到江南，後來遷居建康（今江蘇南京市）。他留下了一首《水調歌頭。感南唐故宮隱括後主詞》：

南郊舊壇在，
北渡昔人空。
殘陽澹澹無語，
零落故王宮。
前日雕闌玉砌，
今日遺臺老樣，
尚想霸圖雄。
誰謂埋金地，
都屬賣柴翁！

* * *

概悲歌，懷故國，又東風。
不堪往事多少，

回首夢魂同。
借問春花秋月，
幾換朱顏綠鬢，
荏苒歲華終。
莫上小樓上，
愁滿月明中。

這首詞是作者遊歷南唐故宮後有感而作，所用爲當時較流行的「隱括體」。所謂「隱括」，是擷取、或融合特定對象作品中的詞語或句子以組合成篇，並賦予它新的情趣與生命。白朴的這首詞，便是隱括李後主詞而寫成的。「前日雕闌玉砌」，用後主詞中「雕闌玉砌應猶在」之句；「懷故國，又東風」，用後主詞中「小樓昨夜又東風，故國不堪回首月明中」之句；「不堪往事多少」用後主詞中「往事知多少」之句；「借問春花秋月」用後主詞中「春花秋何時了」之句；「幾換朱顏」句用後主詞中「只是朱顏改」之句；「莫上小樓」二句則融合了後主詞中「獨自莫憑闌」和「故國不堪回首月明中」二句的語意。

詞中表達的是懷古傷今之情。懷古是感傷古人之事，傷今是感傷當今之事。白朴親眼目睹了金國滅亡與元朝興起的巨大變故，他的心中也蘊藏著一段歷史的興廢之感。「長江，不管興亡，漫流盡，英雄淚萬行」（《沁園春‧保寧佛殿即鳳凰台》），這便是他由衷的感慨。王朝興廢，陵谷變遷，古今相通。所以，白朴能體諒後主的悲傷，並同情後主的遭遇。他在詞中說「回首夢魂同」，這就是兩位詞人的「心有靈犀一點通」了。

詞與禪

從表面說，禪與詞差距甚大。不僅因爲禪是佛教的勝義，而詞是文學的體式，二者的性質根本不同，而且就目的來說，習禪是爲了參悟眞如、成佛作祖，寫詞則是爲了鋪寫情事、抒發性靈。再就境界而言，禪境偏鄰於寂靜、肅穆，詞境則側重於艷情、纏綿與明麗的色彩。簡言之，禪的品格鄰於枯寂，而詞的品格染於華麗。

所以二者本是格格不入的。

然而文化的奇妙正在於使格格不入的東西逐漸融合、滲透，並衍化、拓展出新的景象來。

敦煌曲子詞中有《歸去來·出家樂讚》、《歸西方讚》、《太子五更轉》、《禪門十二時》等，可能是佛寺中傳唱的俗曲，已與詞有親緣的關係。如《南宗讚》曰：

一更長，
如來智慧化中藏。
不知自身本是佛，
無明障蔽自慌忙。
了五蘊，體皆亡；
滅六識，不相當。
行住坐卧常注意，

則知四大是佛堂。

又《太子十二時·辰時》曰：

食時辰，

本性持戒斷貪嗔。

不羨世間為國主，

唯求涅槃成佛因。

這些，都是將佛的教義編爲小曲吟唱，顯然是以禪入詞的最初階段。而在李後主詞中，禪的影響則深入得多，微妙得多、精緻得多了。它表現爲一種氣質，一種圓融的意境。

《搗練子令》曰：

深院靜，小庭空，

斷續寒砧斷續風。

無奈夜長人不寐。

數聲和月到簾櫳。

《望江梅》詞末曰：

千里江山寒色遠，

蘆花深處泊孤舟。

笛在月明樓！

詞中除了那一縷情感，所有的物象都被虛化了。月光、清風、蘆花、山色，以及悠揚的笛聲都具有了靈性，蕩漾成一片「三界唯心、萬法唯識」的世界。於是它形成了和諧、圓融的詞境。禪宗所謂「青青翠竹，總是法身；鬱鬱黃花，無非般若」稍加改造，便移置、融化進詞進之中了。

李後主特別鍾愛月亮。在後主詞中，「馬蹄清夜月」是一種境界，「花明月暗」，又是一種境界，「曉月墜、宿雲微」是一種境界，「子規啼月小樓西」又是一種境界。在世上萬千的物象中，也許只有明月與禪、與後主藝術化的人格如此和諧地統一在一起的了。

因爲月華是純潔的，它是一個現實，也是一個夢境。

法眼宗龍象德韶禪師曰：「佛法現成，一切具足。圓同太虛，無久無餘」。月華不就正是現成、具足、無久無餘的象徵嗎？

意象

詞的創作離不開意象的營造。詞中的意象，猶如自然界之芳草萋萋、百花盛開，有待藝術家的採擷編織，才能成就一個別緻的花環。花環的設想與編造固然寄託了藝術家的心情與意趣，而那構成花環的一枝一葉則莫非造化本有的。它們有的採於山林之間，有的則出自苑圃的培植。

李後主詞中的意象亦大體如是。它們主要源於三個方面：一是點化古人詩語而成的，二是採擷當時流行之文學想像而成的，三是物我相感而自我塑造的。

融化前人詩語入詞，乃是詞家的通例。李後主以詩語入詞，則更加點染，輔以變化，寄託新意，時或毫無痕跡。有如《虞美人》「問君能有幾多愁？恰似一江春水向東流」二句，實爲點化謝朓「大江流日夜，客心悲未央」而成。謝朓詩以日夜奔流之長江水與自己內心不盡的悲哀相對照，氣勢雄渾。而後主直接用作明喻，則寄意更明達，情感更強烈。後世以流水喻愁思，如寇準《夜度娘》詞曰「柔情不斷如春水」，歐陽修《踏莎行》詞曰「離愁漸遠漸無窮，迢迢不斷如春水」，皆脫胎於此。李後主《謝新恩》詞中「又是過重陽，台榭臨處，茱萸香墜」數句，顯然融化王維《九月九日憶山東兄弟》「遙知兄弟登高處，遍插茱萸少一人」詩意，而所表達的愁恨則更爲深長。唐代詩人趙嘏有詩曰：「殘星幾點雁橫塞，長笛一聲人倚樓」，而李後主筆下的南國淸秋夜景是：「千里江山寒色遠，蘆花深處泊孤舟，笛在月明樓。」經過李後主點化後的景象中明月代替了殘星江南水鄉景物代替了中原風光，笛聲依舊，而在蘆花深處又停泊了一葉小舟，意致景物都更帶江南韻味了。

唐五代詞人中，有一些共同的構思，共同的意象，此亦一代共通之文化心理與審美習慣的。每一代人，置身於同一社會背景、文化氛圍之中，必有其相通的文化表達方式，在詩詞創作中則表現爲意象的沿襲與假借。比如寫懷念遠人，則有登樓、倚欄、捲簾之類的行爲表現：

1.白居易《長相思》：「月明人倚樓。」

2.溫庭筠《更漏子》：「虛閣上，倚欄望，還似去年惆悵。」

3.李璟《浣溪沙》：「手卷眞珠上玉鉤，依前春恨鎖重樓。」

4.李煜《阮郎歸》：「留連光景惜朱顏，黃昏獨倚闌。」

登樓、卷簾、倚欄眺望爲相連結的一組動作，構成有確定意義的意象。詞人只要舉其一端，其餘也都盡在其中了。

李後主還從日常習見的景物入手，注以強烈的生命意識與主觀情感，塑造出一批新的詞境、新的意象。後主詞中寫得最多的春花、秋月，便是最具生命意義的物象。春花繁茂，象徵了生命的勃發；而秋月淸朗，蘊涵著歛藏的物華。二者同爲美景，而一爲興發的，一爲流逝的；一爲陽性的，一爲陰性的。自然物華中，從而具有了社會的、生命的寓意如以下的後主詞句：

1.《浪淘沙》：「流水落花春去也。」

2.《同調》：「林花謝了春紅，太匆匆。」

3.《虞美人》：「春花秋月何時了。」

4.《相見歡》：「無言獨上西樓，月如鉤」。

從後主詞所咏歎的春花秋月中，不僅可以看到自然的盛衰，亦可以看出人事的變幻，故國的興亡，從而給人以心靈的震動與雋永的回味。

後主詞的藝術魅力，與其意象經營的成就是密不可分的。

變「伶工之詞」爲「士大夫之詞」

王國維在《人間詞話》中說：

詞至李後主而眼界始大，感慨遂深，遂變伶工之詞而為士大夫之詞。

何謂「伶工成間」？專供歌女樂工演唱於歌樓舞台、或花間月下以供閑娛樂之詞也。何謂「士大夫之詞」？文人抒寫個人之身世經歷、以寄託感慨、憂國傷時之詞也。前者多男女相悅的戀歌艷詞，而後者則廣泛涉及社會、家國、人生之感觸。故就其情感而言，前者是社會普遍的，後者是個人獨具的，前者泛而後者深。

「伶工之詞」是晚唐五代詞的主流。《花間集叙》所謂鏤玉雕瓊、裁花剪葉、名高白雪、響遏行雲之詞，公子佳人「遞葉葉之花箋，文抽麗錦；舉纖纖之玉指，拍按香檀」之作是也。這逐漸地形成了一種傳統。「不無清絕之辭，用助嬌嬈之態」，成了其基本的社會功能。

晚唐詞壇上影響最大的詞家是溫庭筠。溫氏被奉爲「《花間》鼻祖」，他「能逐弦吹之音，爲側艷之詞」。他所寫作的「側艷之詞」，實際上是能配樂演唱、表現艷情相思的流行歌曲。傳說唐宣宗愛唱《菩薩蠻》，宰相令狐綯乃命溫氏代爲創作若干首（今存十四首），密進之。所以儘管溫詞有著豐富而精緻的技巧，爲後世提供了許多創作的經驗與啓示，對於詞體的展開與發達起到了巨大的作用，然而其創作的題材則是類型化的艷情。這種專供淸唱消閑的歌詞，可以成批量地生產出來。其情調是悠閑中帶著淡淡的感傷，語詞則大都流麗鮮亮。這就是「伶工之詞」現。

所以儘管溫氏的一生遭遇了許多的磨亂與坎坷，可是在他的詞章中卻毫無表晚唐五代另一位最重要的詞家是韋莊。韋莊有志氣，有才華，「平生志業匡堯舜」。他遭遇動亂，四海漂泊，憂國傷時，感慨至深。晚年流落西蜀，輔佐天建開國，官至宰相。按照一般的情理，韋莊的詞作應該有著多方面的人生內容，應該有一些剛健慷慨的吟唱。然而今存韋莊的五十多首詞作，儘管筆調清親新流暢，抒情婉約綿長，在題材上卻仍然不越男女艷情、離恨別愁的藩籬。

還應該提及南唐詞人馮延巳。馮氏是一個頗受爭議的人物。他幾度擔任南唐的宰相，對於南唐中期的朝政腐敗、國勢衰落負有不可推卸的責任。然而在詞章創作中，他卻是當時第一流的高手。他的詞淘去了花間詞中過於濃膩的脂粉氣，磨去了前期詞中某些粗糙不純的圭角，使詞風更爲纖美、溫潤、玲瓏多姿。

公（指馮延巳）以金陵盛時，內外無事。朋僚親舊，或當燕集，多運藻思，為樂府新詞。俾歌者絲竹，倚而歌之，所以娛賓而遣興也。

這種供娛賓遣興的樂府新詞，與《花間》詞同一格調，只是更加境致淸美、更加風流蘊藉而已。

李後主變「伶工之詞」爲「士大夫之詞」，大致表現在三個方面。首先，他把懷念、憂傷故國的情緒引入詞的創作，這是題材上的開拓。其二，他把歲月流逝、男女離別相思的情感昇華爲人生的憂患意識，深化了其哲理的意蘊。其三，他突破了傳統的纏綿悱惻的詞風，在抒情方式上更加性靈化了。題材拓展、情感深化與性靈表達，是李後主對於詞章創作的重大貢獻。

從此，詞不再只是供人淸唱玩賞的娛樂文學，它同時也成了士大夫階層表現情志、寄託理想、抒寫人生憂患的藝術形式。於是，它完成了由「伶工之詞」向「士大夫之詞」的轉變。

「閱世」與「感世」

對於李後主，王國維有兩段流傳廣泛而影響甚巨的評語。其一曰：

詞人者，不失其赤子之心者也。故生於深宮之中，長於婦人之手，是後主為人君所短處，亦即為詞人所長處。

其二則曰：

客觀之詩人，不可不多閱世。閱世愈深，則材料愈豐富，愈變化，《水滸傳》、《紅樓夢》之作者是也。主觀之詩人，不必多閱世。閱世愈淺，則性情愈真，李後主是也。

拈出「赤子之心」評論李後主，是王國維的一大發明。從此，評價後主才算有理念明確的依托。「赤子之心」云者，純眞未染之童心也。當生命呈現自然、無拘無束狀態的時候，它是活潑的、充滿情趣的。而當生命呈受著重負、或者被後天的塵埃遮蔽時，它便僵滯、黯然無光了。

人們將前者叫天眞，而把後者視爲世俗。

當純眞的童心被世俗遮蔽時，世人便染上了貪、嗔、癡三毒，滋長起來的是物慾心、權力心、勢利心、虛榮心……

所以墨子看見染匠將素絲染成各種顏色，便不禁歎息說：「染於蒼則蒼，染於黃則黃。所入者變，其色亦變。……故染，不可不愼也。」

於是有了「閱世愈淺，而性情愈眞」的話題。

然而客觀寫實之文人，閱世愈多，體會亦愈深。不因繁華而輕狂，不因蕭條而萎靡。能以堅毅之定力，抗拒世俗所染。更以崇高之精神道德及透悟人生之睿智，去啓迪衆生的蒙昧，淨化所染的情感，《水滸傳》、《紅樓夢》的作者大體如此。

至於主觀之詩人，閱世容或不多，而感世不可不深。所謂閱世，指親身所歷的生活；所謂感世，指不必親歷而意存關切、繫之於心的情懷。前者是眞實履歷的人生，後者是精神情感的體驗。眞實的履歷不可窮盡人世萬象，而情感的關懷卻可以普及於社會的廣大層面。舉凡政治風雲的變幻，軍事抗爭的消息，民生的疾苦，吏治的清濁，物華的轉移，人事的興衰，未必能一一親歷而目擊之，然必事事關心也。

李後主閱世不多，而感世卻未必不深切。國勢衰落，愁思悲歌，這是有感於國家。屬思天人之際，遊心今古之間，著爲《雜說》百篇，這是有感於學術。「斷續寒砧斷續風」、「回首邊頭，欲寄鱗游」之詞章，有感於戍邊之征夫。

「夢回芳草思依依」、「遠似去年今日恨還同」之思緒，有感於離別之情侶。「林花謝了春紅，太匆匆」，有感於生命的凋謝。「故國夢重歸，覺來雙淚垂」，有感於家國之淪亡。以有限的人生，感懷萬端，發為歌咏，一任性情之眞摯。這就是李後主感悟人生之可貴。

只有自覺地關切、感悟人生的人才能品嚐到生命的眞味。所以主觀之詩人，固然要有豐富、眞實的人生閱歷，而尤其應該具備關切社會、博愛衆生的精神情懷。

「釋迦、基督」說

王國維在《人間話》中，認為後主詞「儼有釋迦、基督擔荷人類罪惡之意」，引發了學術界不同的意見。

贊成的人闡述說：李後主詞中抒發的雖然只是一己遭遇的悲哀，但是卻足以包容所有人類共有的悲哀，正如釋迦、基督以個人一己之身而擔荷了所有人類的罪惡一樣。這只是一種借比。（參見葉嘉瑩《迦陸論詞叢稿》中《從〈人間詞

話〉看溫韋馮李四家詞的風格》）

修正的人說：王氏的評似乎有點取喻不倫，但我們若將「擔負人類罪惡」解釋為道盡士大夫們共同的悲哀，則王說實為最深切的批評。（參見陸侃如、馮沅君著《中國詩史》中《唐五代詞．李煜》一節）

反對的人申辯說：李後主的言行與釋迦、基督之間，很難找到相似處。李後主詞中處處流露著哀歎與怨恨，他連自己的悲愁尚且「擔荷」不了，怎麼能擔負人類的罪惡與痛苦呢？（參見謝世涯《南唐李後主詞研究》第九章《後主詞之釋迦、基督思想辨析》）

那麼，究竟如何理解王國維的這一段著名的評語呢？

要明瞭王氏說的內蘊，首先應了解王氏其人，了解他的學術人格與美學興趣。王氏為人重情感而又多理性，治學則「取外來之觀念與固有之材料互相參證」（陳寅恪《靜安遺書序》），故持論多具慧眼而難求縝密，稟持西方理性而參用中土直觀批評方法，其生命亦在矛盾衝突中不斷地思考而不肯安寧。

王氏評價文學，多帶哲理的思考；而闡說哲學，則多染文學的情思。他強調文學表現人類眞實的情感與本性，尤其推許從個人遭遇中昇華爲一種人生哲理的精神。他說：

詩人必有輕視外物之意，故能以奴僕命風月；只必有重視外物之意，故能與花鳥共憂樂。（《人間詞話》第六一條）

詩人對宇宙人生，須入乎其內，又須出乎其外。入乎其內，故能寫之；出乎其外，故能觀之。入乎其內，故有生氣；出乎其外，故有高致。（《人間詞話》第六〇條）

「入乎其內」是要眞實地切入人生（即重視外物之意），如此詞作才有動人情感的力量；「出乎其外」是要超越現實（即輕視外物之意），如此詞作才有啓迪人類心靈的格致。王國維認爲，李後主詞在這兩方面都與他心中的目標契合了。

還有一種宗教情感相契合的緣由。李後主的個人風格、人生態度、履操行止固然與釋迦牟尼、耶穌基督有著巨大的差距，然而後主深受佛教思想的濡染，對於人生苦痛、生命短暫、世相無常有著深切的感受，因而在人生即苦、衆生平等、慈悲爲懷等觀念上只與宗教相通，因而可以與釋迦、基督相通了。

所以王國維評價李後主詞，說它儼然具有佛祖與耶穌「擔荷人類罪惡之意」。這是在貴眞的基礎上肯定後主詞普遍的人性價值，即從李後主的痛苦中可以感受到人類共有的痛苦，從李後主的困惑中可以感受到人類共有的困惑，從李後主的人生缺陷中可以感受到人類共有的缺陷。

王國維處在中西文化的交匯點上，他感受到人生的痛苦與各種不可名狀的缺陷，不停地思考著、困惑著。因此在王國維的身上，投下了李後主「人生長恨水長東」的影子，而在李後主的身上，又有著王國維精神的閃光。

屈原與後主

屈原是我國戰國時代的一位偉大的作家，他距離李後主生活的時代大約有一千二百年之久。

屈原是楚辭的鼻祖，李後主則是「一代詞宗」。

當代學者唐圭璋在《屈原與李後主》（見唐氏《詞學論叢》一書）一文中，對這兩位同時代、也不同身世的作家進行了比較。他認定人的秉賦可以分為陽剛與陰柔兩類，文學作品亦有陽剛之美與陰柔之美的不同。他說：「屈原為陽剛作家，後為陰柔作家」。

唐氏還列舉了二人的區別：

1.從天性看，一剛強，一柔弱。

2.從情感看，一怨憤，一哀傷。

3.從精神看，一奮鬥，一消沉。

4.從生活看，一痛哭，一飲泣。

5.從態度看，一瘋狂，一麻醉。

6.從思想看，一為儒家，一為佛家。

的確，屈原與李後主的差別是非常明顯的。屈賦中有「雖九死其猶未悔」的追求，有「雖體解吾猶未變」的宣誓，有對於壅君、黨人的怨憤，有對於天地由來、人事變遷的質問。當理想粉碎、國勢傾危時，他仍然希望君之能悟，俗之能改。最後憤然自沈，以身殉國。而李後主不是這樣，他的作品中寫的多有一己的私情：「一曲清歌，暫引櫻桃破」，聲色之樂色；「尋春須是先春早，看花莫待花枝老」，遊賞之事也；「庭前春逐紅英盡」，春愁也；「無奈夜長人不寐」，秋怨也。即使是亡國的感受，也多是春花秋月、夢中懷思、哀感纏綿、飲泣吞聲。屈原的死是慷慨而壯烈的，而李後主的死則是令人惋惜而傷感的。

既然他們的性格、理想、人生態度乃至結局都如此的不同，爲什麼他們的作品受到人們同樣普遍的歡迎呢？

其實，他們表露的是人性和人類情感中的不同側面。屈賦蘊涵了一種積極進取的精神，表現了人性中關注社會政治的一面。而李後主詞則表現了人性中自在、柔曲的一面，他更多地傾心於美的藝術。

屈原賦與後主詞都同樣表現了人性的眞實唐圭璋說：「屈子窮極而作《離騷》，李後主也因窮極而作他的《離騷》」（《李後主評傳》，見唐氏《詞學論叢》）。自然，李後主的《離騷》是指他的後期詞章。

屈原《離騷》曰：

路曼曼其脩遠兮，

吾將上下而求索！

李後主《烏夜啼》曰：

醉鄉路穩宜頻到，

此外不堪行。

屈原《離騷》曰：

既莫足與為美政兮，

吾將從彭咸之所居！

李後主《虞美人》曰：

問君能有幾多愁？

恰似一江春水向東流。

作爲不同的文學形態與個人風俗，屈原賦與後主詞都各有其藝術的價值，因此都是可以傳之不朽的。

陶潛詩與後主詞

李後主與陶淵明，是時代、經歷、創作風貌都有極大差異的兩位作家。陶淵明所處的東晉末年政局動蕩，篡奪不休，在他的身後又開始了南朝輪番的政權更替。而李後主處在分久必合、行將統一的時代，在它身後是宋朝長達三百年的統治。從二人的身份看，他們一爲君王，一爲處士，相距不啻天壤之別。再從生平遭際看，陶淵明雖然曾經短期出仕，但是從大體上說他的生活中還是充滿了恬靜純樸的氣息。而李後主則始終置身於政治漩渦之中先是君主，後爲臣虜，生活中充滿了動盪與變故。

陶淵明的創作猶如一曲樸素而優美的田園詩，而李後主的創作則是充滿了傷痛與困惑的人生詠歎調。

然而如果不從表面的形迹看，他們還是有著某些相似的。當代學者葉嘉瑩在《迦陵論詞叢稿》中說：「我嘗以爲中國歷代詩人中最能以認眞的態度與世人相見的，一個是陶淵明，另一個就是李後主。……淵明與後主之所以爲『眞』的內容雖然不同，然而他們之全然無所矯飾的以眞純來與人相見的表現態度，在基本上卻是有著相似之處的。」

李後主與陶淵明都有著眞誠的人生態度，並且將這種眞誠作爲精髓植入文學體中。陶淵明作《五柳先生傳》，說五柳先生「閑靜少言，不慕榮利」，「性嗜酒……造飲輒盡，期在必醉」，「常著文章自娛，頗示己志，忘懷得失」。這位五柳先生其實的自我寫眞，是他的心靈自白。透過五柳先生的形象，可以看出他的認眞是有原則、有理性的。而李後主的眞誠則是一種人性的自然發揮。當他歡樂時，他便盡情地表達歡樂；當他悲傷時，他便毫不掩飾地傾訴自己的悲傷。所以李後主的眞誠不僅表現了人性的優點與智慧，而且顯露了人性的弱勢與尷尬。因此，陶淵明的人格引起後人的欽敬，而李後主的人格則喚起後人的同情與心靈共鳴。

陶詩表現了天然平淡之美。他筆下的思園景色，在《癸卯歲始春懷古田舍》中有曰：

平疇交遠風，良苗亦懷新。

《讀山海經》中曰：

歡然酌春酒，摘我園中蔬。

微雨從東來，好風與之俱。

又抒發自得之趣，《飲酒》中曰：

採菊東籬下，悠然見南山。

又《和郭主簿》中曰：

遙遙望白雲，懷古一何深！

如此平淡自然而又意味雋永的詩句，讀之眞使人恍若置身於田野農舍之間，而與恬澹的自然融爲一體。元好問在《論詩絕句》中讚曰：「一語天然萬古新，豪華落盡見眞淳！」又在《繼愚軒和黨承旨雪詩》中寫道：「君看陶集中，飲酒與歸田。此翁豈作詩？眞寫胸中天。天然對雕飾，眞贋殊相懸！」這就是陶詩的風格。

李後主詞亦重天然之美。他的流傳人口的名篇佳句，尤其是晚期的作品，都能直抒眞情。他多用賦體白描的筆法，不事雕琢，語淺而情深。在明白如話的詞句中，自然地包含了感人肺腑的力量。

王僧保《論詞絕句》曰：

落花流水寄噓唏，
如此才情絕世稀。
誰遣斯人作天子，
江山滿目淚霑衣。

陶淵明不爲「五斗米」所累，所以他的作品在天然中透露出瀟灑。李後主爲君位所累，所以他的詞在純眞的本色中卻浸透了困惑與哀傷。

詞家王孟

在唐代燦若繁星的詩家中，王維、孟浩然有著特殊的地位。王維的詩澄澹精緻，詩中有畫，其妙處又能融入禪宗三味，所以杜甫有詩曰：「不見高人王右丞」，「最傳秀句寰區滿」。孟浩然的詩閒遠澹雅，韻味深厚，沖淡中有壯逸之氣，所以李白有詩曰：「高山安可仰，徒此揖清芬」！他們以其別緻的格調開了一派的詩風。

明人胡應麟在《詩藪》中，將李後主與王維、孟浩然相比較，說李後主「樂府爲宋人一代開山祖」，「清便宛轉，詞家王孟」。

這一比較是意味深長的。因爲李後主是詞家，而王維、孟浩然是詩家。詩詞之間，在體制、格調、語言風度上都有所區別。然而他們所創作的都是廣義的詩（詞爲詩餘，其實是詩之一體），若從特定的審美角度去欣賞，比較其間的同異，則又是可能的。

首先是藝術風格的相似。明末賀貽孫論王孟詩，認爲他們共有「便娟之姿，逸宕之氣」，不同的是「王如一輪秋月，碧天似洗；而孟則江月一色，蕩漾空明」（《詩筏》）。那麼後主呢，他在永恆的清澄月色中又注入了幾分朦朧，幾絲憂愁。

他們都有一些優美的句子流傳人口。王維有詩句曰：

松風吹解帶，山月照彈琴。
行到水窮處，坐看雲起時。
江流天地外，山色有無中。

孟浩然有詩句曰：

微雲淡河漢，疏雨滴梧桐。
風鳴兩岸葉，月照一孤舟。
衆山遙對酒，孤嶼共題詩。

這些都是極俊麗的句子，其中又有畫境，所以後世的讀者，沒有不喜愛的。

李後主也有一些深受讀者喜愛的名句，如以下三例：

離恨恰如春草，更行更遠還生。

想得玉樓瑤殿影，空照秦淮。

流水落花春去也，天上人間！

從特定的角度去欣賞，便會發現後主詞與王孟詩在風格上異中有同。王維的詩清澄中染著禪意，孟浩然的詩清澹中涵著理趣，而李後主詞則在清秀中寄寓了深情。他們共有詩（包括詞）的清便之美。

其次，是宛轉流動的氣勢，這也是近似的。讀王孟詩有伴隨高人雅士漫步山林、尋幽探勝之感，儘管所遇的景物各不相同，卻有小徑曲折宛轉，貫通其中。李後主詞的意脈明晰，與之差相彷彿。不過驅動王孟詩宛轉流動的是自然超逸的高致，而驅動後主詞宛轉流動的則是沉鬱頓挫的情感。李後主內心的感受特別沉著，積之既久，又不能明白說出，因而假藉於外物，發於花月草木，反覆纏綿，縈紆曲折，自然給人宛轉流動、盪氣回腸的感覺。

因此，李後主被比作了「詞家王孟」。

「不及飛卿之厚」辯說

清代詞論家陳廷焯（公元一八五三——一八九二年）在《白雨齋詞話》中評論李後主詞時曾比較說：「後主詞思路淒惋，詞場本色，不及飛卿之厚。」在《詞則》（卷一）評語中又說：「後主詞淒豔出飛卿之右，而騷意不及。」

陳氏認爲後主詞不及溫庭筠（字飛卿）詞意之厚，「騷意」（即比興寄託之旨）次之。應該怎樣理解陳氏的這番議論呢？

原來陳氏的詞學思想，主張「溫柔以爲體、沉鬱以爲用」，「不敢有背風騷之旨」。在讀《花間集》時，他繼承了常州詞派張惠言等人的論詞主張，將溫庭筠描寫男女豔情相思的詞都當作「香草美人」式的政治寄託詩去讀，因而從中體會出了深厚的「騷意」。

溫庭筠《菩薩蠻》有語云：

懶起畫蛾眉，弄妝梳洗遲。

張惠言《詞選》評曰：「此感士不遇也。……『懶起』二字，含後文情事。『照花』四句，《離騷》『初服』之意」。《離騷》中有「進不入以離尤兮，退將復脩吾初服」二句，含有士人不遇於君，退而修身之意。張惠言從這位懶畫眉、遲梳妝的女子身上看到了士人修身的影子，故云。

陳廷焯評曰：「無限傷心，溢於言表」。

《菩薩蠻》又有語云：

春夢正關情，鏡中蟬鬢輕。

意謂女子夢醒之後，臨鏡而自憐，想到夢中的情事，更添相思之意。

陳廷焯評曰：「凄涼哀怨，眞有欲言難言之苦。」

溫庭筠有《河瀆神》詞三首，其一曰：

河上望叢祠，
廟前春雨來時。

楚山無限鳥飛遲，
蘭棹空傷別離。

*　*　*

何處杜鵑啼不歇？
豔紅開盡如血。
蟬鬢美人愁絕，
百花芳草佳節。

這首詞寫的是女子傷別的情懷。春雨、杜鵑、芳草，言其時；「蘭棹空傷別離」，言其事；「蟬鬢美人愁絕」，言其情。所以這是一首格調婉約的傷春傷別詞。

而陳廷焯《詞則》評曰：「寄哀怨於迎神曲中，得《九歌》之遺意。」陳氏在《白雨齋詞話》中總評曰：飛卿《菩薩蠻》十四章，全是《楚騷》變相，古今之極軌也。徒賞其芊麗，誤矣！這話說得很明白，陳氏先就確定溫庭筠詞乃《楚辭》之變相，附會想像之際，就覺得它的寓意之厚、體格之高，非後主所能比擬了。

實際上，浸潤了生命之感家國之悲的李後主詞，其寓意之厚是超出溫筠詞之上的。

李後主與宋徽宗

靖康二年（西元一一二七年），宋徽宗趙佶被金人擄掠北上，在過了九年屈辱的生活之後，死於五國城（今黑龍江依蘭）。

他的身世遭遇，與南唐李後主頗有幾分相似之處。一百五十年前李後主所遭遇的悲慘的一幕，似乎又在宋徽宗身上重演了。

宋徽宗多才藝，對於書畫、詞賦都造詣精湛。他的詞作流傳下來的僅十餘首，而汴京陷落、被俘北上後的詞只有兩首。其一《眼兒媚》詞曰：

玉京曾憶昔繁華，

萬里帝王家，
瓊林玉殿，
朝喧弦管，暮列笙琶。

* * *

花城人去今蕭索，
春夢繞胡沙。
家山何處？
忍聽羌笛，吹徹梅花。

這是宋徽宗身處北國、撫今思昔之作，詞藻明麗，情調凄婉。

他的另一首廣爲傳誦的詞《燕山亭》曰：

裁翦冰綃，輕疊數重，
淡著燕脂勻注。
新樣靚妝，豔溢香融，

羞殺蕊珠宮女。
易得凋零，更多少無情風雨！
愁苦，閒院落淒涼，幾番，幾乎春暮。

＊　＊　＊

憑寄離恨重重，
這雙燕何曾，會人言語！
天遙地遠，萬水千山，
知他故宮何處？
怎不思量，除夢裡有時曾去。
無據，和夢也新來不做。

詞中以杏花寄寓身世之感。上闋先正面描寫杏花開放姿色豔麗，香氣濃鬱。「易得凋零」以下，說杏花被風雨摧殘而寂寞地凋落，在憐花傷春之中融進了自傷之情。下闋先寫雙燕飛來，然而燕子怎麼能傳達離恨呢？結尾更補足思念故國之意，說只有夢中才能回故宮，可以聊慰思情，然而近來連如此的夢也不做了。

況周頤評曰：「眞字是詞骨。若此詞及後主之作，皆以眞勝者」。

王國維評曰：「尼采謂『一切文學，余愛以血書者』。後主之詞，眞所謂以血書者也。宋道君皇帝（即宋徽宗）《燕山亭》詞亦略似之。然道君不過自道身世之戚，……其大小固不同矣。

李後主與宋徽宗，其詞情之眞是共同的，其間境界大小之別也是明晰的。宋徽宗詞表達的是個人的身世之悲，境界稍小；李後主詞則涵容了人生共有之悲傷，故境界爲大。

據說《虞美人》「春花秋月何時了」是李後主的「絕筆」，《燕山亭》是宋徽宗的「絕筆」。同爲「絕筆」之作，宋徽宗筆下是一枝具的杏花，象徵的是一己的遭遇；而李後主詞中的「春花秋月」則有包含一切之意，寄寓的是更爲普遍並具永恆意義的生命之感。同寫思念故國之情，宋徽宗訴於雙燕、託於夢境，曲折頓挫，如泣如訴，有「忽吞咽、忽綿邈，促節繁音，回腸蕩氣」之效（唐圭璋《唐宋詞簡釋》）。而李後主卻以「小樓昨夜又東風，故國不堪回首月明中」、

「問君能有幾多愁，恰似一江春水向東流」如此明晰暢達的語言傾訴而出，其飽滿的力度、磅礡的氣勢足以給人的心弦以強烈的振動。

所以王國維說：「其大小固不同矣。」

李後主與納蘭性德

納蘭性德，字容若，是清初著名詞人，有《飲水詞》。

納蘭性德與李後主一樣，可以歸爲純情詞人一類。這種人篤於性情、不染塵俗，葆有高潔的理想，多懷感傷的情緒。這種人與人相處，則重眞情而輕浮名，厭惡世間的爭奪，嚮往純眞的生活。由於他們眞摯的性情與天賦的才華，便不期然而然地在詞苑中開墾了一片沃土，播下眞誠心靈的種子，藝植了文學的蘭芷與苣若，從而將人性淳和的芬芳散布於人類精神生活的空間中。

納蘭性德曾在《淥水亭雜識》中評價李後主詞的藝術成就，他說：

花間之詞如古玉器，貴重而不適用，宋詞適用而少貴重。李後主兼有其美，更饒煙水迷離之致。

所謂「貴重」，即典雅華的麗的詞采。所謂「適用」即抒發眞情的功能。在納蘭性德看來，《花間》詞典麗而不能傳眞情，宋詞能傳眞情而不夠典雅，只有後主詞兼有二美，所以多有煙水迷離般的美好情致。

其實他自己的詞也包含有此類的風格。他的《菩薩蠻》詞曰：

問君何事輕離別，
一年能幾團圓月？
楊柳乍如絲，
故園春盡時。

* * *

春歸歸不得，
兩槳松花隔。
舊夢逐寒潮，

啼鵑恨未消。

又有《清平樂》詞曰：

風鬟兩鬢，

偏是來無準。

倦倚玉闌看月暈，

容易語低香近。

* * *

軟風吹編窗紗，

心期便隔天涯。

從此傷春傷別，

黃昏只對梨花。

納蘭性德出生於貴族家庭。他從二十二歲中進士後，便一直擔任康熙皇帝的親近侍從之臣，直到三十一歲猝然而逝。其間扈駕出巡、陪奉狩獵，在他人看來是無上的榮耀，而性德心中感到的卻是理想失落的悲哀。所以在他的詞中，游蕩的是思念、幽怨與孤獨的情懷。

陳其年評曰：「《飲水詞》哀感頑豔，得南唐二主之遺。」王煜《飲水詞鈔》評曰：「《飲水詞》三卷，淒婉婀麗，於小令最工。或謂李煜轉身，殆以詞品相類也。」

認爲納蘭性德爲李後主再生，最能看出人們對這兩位異代詞人的同情。此無它，殆由於共同的性情之眞、詞品之純也。

清人沈世良《論詞絕句》曰：

老輩朱陳樹鼓旗，
家家傳寫遍烏絲。
誰知天援非人力，
別有聰明《飲水詞》。
（朱彝尊，號竹坨；陳維崧，字其年，清初詞壇大將）。

附錄：歷代詠李後主絕句小輯

論後主詞絕句

玉樓瑤殿枉回頭①，
天上人間恨未休②。
不用流珠詢舊譜③，
一江春水足千秋④！

［**註釋**］①玉樓瑤殿：指位於金陵的南唐故宮。李後主《浪淘沙》詞有「想得玉樓瑤殿影空照秦淮」二句，故云。②天上人間：比喻故國難歸，有如天地之隔。李後主《浪淘沙令》有「流水落花春去也，天上人間」二句，故云。③流珠：南唐宮女，性聰慧，工於琵琶。李後主、大周后曾創作諸樂曲，流傳既久，樂工多忘之，而流珠獨能追憶齊全。舊譜：指樂譜。④一江春水：指後主《虞美人》詞中「問君能有幾多愁，恰似一江春水向東流」之句。

［**簡說**］這首絕句高度評價李後主詞的成就。分兩面說，一是故國之思眞切

感人，二是語言富有魅力。末二句謂不必求其唱法，即其詞語之超邁，如「一江春水」之句，亦自足以流傳千秋。

論詞絕句

周之琦

落花流水寄噓唏①，
如此才情絕世稀！
誰遣斯人作天子？
江山滿目淚沾衣②。

［**註釋**］①「落花」句：即以詞當哭之意。落花流水：指《浪淘沙令》「流水落花春去也」之句，代指李後主之詞。噓唏：哽咽、哭泣貌。②「江山滿目」句：意謂故國淪亡，面對滿目山川，不禁淚下。李後主《望江南》詞有「多少淚，斷臉復橫頤」句，《子夜歌》有「故國夢重歸，覺來雙淚垂」之句，故云。

［**簡說**］這首絕句讚美李後主的詞章才華。以為後主身為國君，而如此重情，又有如此才華，實屬絕世罕見，宜其詞章感人至深也。

論詞絕句（二首）

王僧保

其一

傷心秋月與春花①，
獨白凭闌度歲華②。
便作詞人秦柳上③，
如何偏屬帝王家！

［**註釋**］①秋月與春花：李後主《虞美人》詞有「春花秋月何時了」之句，故云。②獨自凭闌：李後主《浪淘沙令》有「獨自莫凭闌，無限關山」之句。③秦柳：指宋代詞人秦觀、柳永。

〔**簡說**〕這首絕句對於李後主的不幸遭遇表示同情，以爲李後主具備詞章才華，其詞壞地位當在柳永、秦觀之上，何必身爲君王、遭此不幸呢？

其二

念家山破了南唐①，
亡國音哀事可傷。
叔寶後身身世似②，
端如詩裡說陳王③。

〔**註釋**〕①念家山破：李後主所創作之樂曲。破：曲調名。唐宋大曲每套有十餘遍，歸入散序、中序、破三大段。原樂曲有《念家山》，李後主演其聲爲《念家山破》。有人認爲該曲名隱含家國將破亡之意，就是不祥之兆。②叔寶後身：南朝陳後主，名叔寶，是歷史上有名的亡國之主。陳後主善於歌辭，有集三十九卷。有人以爲李後主是陳叔寶再生。③陳王：陳思王，指詩人曹植。該句意謂李後主在詞苑之地位，與曹植在詩苑之地位相彷彿。

〔**簡說**〕這首絕句論李後主在詞苑中的地位。以爲李後主好詞藝終至亡國，其情令人感傷，其事與南朝陳後主頗爲相似，然而詞中有李後主，亦如詩中有陳思王曹植，地位至爲崇高，非尋常可比也。

論南唐二主詞絕句

譚瑩

南朝樂府最清妍①，
建業傷心萬樹煙②。
誰料簡文宮體後③，
李王風致更翩翩④！

〔**註釋**〕①南朝樂府：就是指南朝時江南一帶的歌詩。《樂府詩集》（卷四十四）：「自永嘉渡江之後，下及梁陳，咸都建業，吳聲歌曲起於此也。」②建業：東晉及宋、齊、梁、陳都建都於建業，即今江蘇南京市。③簡文宮體：南朝梁蕭綱，梁武帝第三子，在位二年，爲叛將侯景所殺，諡曰簡文皇帝。蕭綱雅好賦詩，傷於輕豔，當時號曰宮體。④李王風致：指南唐中主、後主詞之藝術風調、風致、風格、情趣。

［**簡說**］這首絕句感歎金陵人文薈萃之地，亂世君王，偏多文采風流。而南唐二主詞，尤其風度翩翩也。

南唐雜詠

沈初

我思昧昧最神傷①

予季歸來更斷腸②。

作個才人真絕代，

可憐薄命作君王！

〔**註釋**〕①我思昧昧：昧昧，沉思之貌。《尚書·秦誓》：「昧昧我思之。」②予季：指其弟。舊以伯仲叔季爲兄弟排行長幼之序，季爲最少者。

〔**簡說**〕這首絕句對於李後主的命運表示同情與悲傷。後二句說依李後主之才調可爲絕代詞人，而不幸生於帝王之家，淪爲亡國之主，實屬薄命也。

論後主詞絕句

郭麐

夢遍羅衾夜未央①，
秦淮一碧照興亡②。
落花流水春歸去③，
一種銷魂是李郎。

〔**註釋**〕①夢遍羅衾：乃指夢中尚且念念不忘故國。李後句《浪淘沙令》有「羅衾不耐五更寒。夢裡不知身是客，一餉貪歡」之句，用其語意。②秦淮一碧：指明月朗照，秦淮河上下一片澄澈。用李後主《浪淘沙令》「晚涼天淨月華開……空照秦淮」語意。③「落花」句：用李後主詞「流水落花春去也」語意。

〔**簡說**〕這首絕句推許李後主懷念故國的詞章，認為其中寄寓了歷史興亡之感，因而真摯動人，足以令人銷魂。

南唐宮詞（七首）

馮煦

其一

茱房菊蕊繡花餻①，
佳節重陽散鬱陶②。
望斷鴒原數行淚③，
宮中愁賦卻登高④。

〔**註釋**〕①茱房菊蕊：茱房是吳茱萸的果實，即越椒，其味香烈。菊蕊：菊花。李後主《卻登高文》：「玉斝澄醪，全盤繡糕。茱房氣烈，菊蕊香豪」。②佳節重陽：農歷九月九日爲重陽節，民間有登高的習俗。鬱陶：憂思、鬱悶。③望斷鴒原：比喻兄弟有難，心懷憂傷而極目望遠。鶺鴒是一種水鳥，飛行則相鳴，以喻兄弟。語本《詩經·小雅·常棣》：「脊令在原，兄弟急難。」李後主《郤登高文》有「原有鴒兮相從飛，嗟予季兮不來歸」之語，故云。④郤登高：指李後主所作《郤登高文》。

［**簡說**］史載後主之弟李從善出使宋朝，宋太祖任以官職，不令歸國。後主手疏請求允許從善歸國，不準。後主愈悲，每憑高北望，泣下沾襟。歲時遊宴，都因此而停止，並作《郤登高文》以見意。這首絕句所詠即此事，表現了作者對於李後主遭遇的同情。

其二

錦洞天開近御床①，
金鋪玉戶麗花房。

移風纔報蓬萊紫②，
又賞崇蘭讌飲香③。

〔**註釋**〕①錦洞天：每到春盛時節，李後主便在宮內梁柱、窗壁、階砌之間，併作隔筒，密插雜花，名曰「錦洞天」。②「移風」句：移風是宮殿名。廬山僧舍有麝囊花一簇，號曰紫風流，李後主分根移植於移風殿，賜名蓬萊紫。③飲香：亭名。《十國春秋》載：保大二年八月，幸飲香亭觀蘭。案：此爲中主事。

〔**簡說**〕這首絕句批評李後主一味賞玩花草風月，而不知憂慮國事。

其三

纖裳高髻淡蛾眉①，
暖殿開筵夜雪時②。
製得新聲催按拍，

破傳醉舞曲來遲③。

〔**註釋**〕①纖裳高髻：據《十國春秋》記載：大周后娥皇創爲高髻、纖裳、首翹、鬢朵之妝飾，人們紛紛倣效之。②暖殿開筵：李後主嘗與大周后雪夜宴飲，娥皇舉杯請後主起舞，後主則要求娥皇創作新曲。③破傳醉舞：指《邀醉舞破》。曲來遲：指《恨來遲破》。二曲均爲大周后創作。李後主《昭惠周后誄》有「曲演來遲，破傳邀舞」二句，爲此語所本。

〔**簡說**〕這首絕句記述李後主與周娥皇夫婦冬夜宴飲，乘興譜作新曲的風流韵事。

其四

霓裳法曲譜開元①，
利撥檀槽雅製存②。
一自玉環留別後③，

空將金屑殉芳魂④。

〔**註釋**〕①霓裳法曲：開元中，西涼府節度使楊敬述進於朝廷，深受唐玄宗喜愛。法曲：指道觀之音樂。②利撥檀槽：形容撥動琵琶、彈奏樂曲的動作。檀槽：檀木琵琶上架絃的格子，代指琵琶。③玉環留別：指大周后不幸病逝一事。史載：大周后臨死前，親取元宗所賜檀槽琵琶及平時約臂玉環與後主作別。④金屑：指大周后所珍愛之琵琶。《十國春秋》載：後主親自書寫誄文，「刻之石，與后所愛金屑檀槽琵琶同葬。」芳魂：指大周后。

〔**簡說**〕史載：唐開元間，《霓裳羽衣》最爲大曲，安史亂後不復再傳。大周后「得殘譜，以琵琶奏之，於是開元、天寶之遺音，復傳於世」。這首詩即詠李後主夫婦修復《霓裳羽衣曲》一事，並表達後主對於大周后去世的傷悼之情。

其五

衩襪還提金縷鞋①，

畫堂南畔早情諧②。
待年此日重親迎③，
彩雁銜書過御街④。

〔**註釋**〕①「衩襪」句：用李後主詞《菩薩蠻》「衩襪步香階，手提金縷鞋」句意。②「畫堂」句：用後主詞《菩薩蠻》中「畫堂南畔見，一向偎人顫」句意。③待年：女子因年幼而待嫁。《十國春秋》載：娥皇去世時，小周后年幼，「未勝禮服，待年宮中」。④彩雁銜書：古代婚禮中，有受雁之禮。《十國春秋》載：「將納采，後主命以鵝代白雁，被以文繡，使銜書，特舉親迎之禮」。

〔**簡說**〕這首絕句詠李後主與小周后戀愛成婚的風流韵事。

其六　柔儀殿內碧窗紗①，

侍女添香金鳳斜②。

更築紅羅亭子小，

花深深處醉流霞③。

〔**註釋**〕①柔儀殿：南唐宮殿名，是小周后的居住處。②侍女添香：指宮中主香宮女。當時宮中焚香之器有三雲鳳、金鳳口罌、折腰獅子、容華鼎等。③醉流霞：指飲美酒。《十國春秋》載：李後主嘗於群花中作亭，冪以紅羅，雕鏤華麗，內間極小，僅容二人，常與小周后酣飲其間。

〔**簡說**〕這首絕句詠李後主與小周后生活的享樂與奢華，有諷諭的意味。

其七

手為佛印額成疣①，

精舍香林處處修②。

開善夫妻方普度③，
王師已報下池州④。

〔**註釋**〕①手爲佛印：李後主行走時，手常屈指結佛印。顙成疣：李後主與小周后常拜佛，額前有疣。②精舍香林：指佛寺，僧人修練及居住處。③开善夫妻：指李後主與小周后。《十國春秋》曰：後主「素溺竺乾之教，度僧尼不可勝算，以崇佛故，頗廢政事。」④王師：指宋朝的軍隊。傳說有北僧立石塔於池州采石磯，夜間丈量江面寬度。開寶六年潤十月，宋師攻陷池州時，曾據以修建江上浮橋，不差毫釐。

〔**簡說**〕這首絕句批評李後主崇信佛教，荒廢政務，又受僧人欺騙，終至亡國的愚行。

孟彬

南唐宮詞（三首）

其一：

匝匼春陰錦洞天①，
纖裳高髻鬪嬋娟②。
花香拂拂隨人影，
鳳子紛粘綠鬢邊。

〔**註釋**〕①匝匼春陰：形容春花環繞，春意盎然。匝匼：重疊、環繞。錦洞天：李後主每掌春盛時，在窗壁棟梁間作隔筒，密插雜花，謂之錦洞天。②纖裳高髻：史載：大周后創爲纖裳高髻及首翹鬢朵之妝飾，人皆效之。③鳳子：指蝴蝶。據《十國春秋》記載：後主宮人秋水喜簪異花，芳香拂鬢，常有蝴蝶飛繞其上，撲之不去。

〔**簡說**〕李後主喜愛美的藝術，創爲「錦洞天」之游藝。大周后更新妝飾，競鬪嬋娟。一時藝術風尚盛起於南唐。這首絕句所吟詠的就是比類風流軼事。

其二

主香長日奉柔儀①，
鋪殿花光望欲飛②。
等得新涼秋露滿，
忙收天水染羅衣③。

【**註釋**】①主香：小周后居柔儀殿，有主香宮女。②鋪殿花：南唐徐熙善畫花木、禽魚、蟬蛺、蔬果，深受李後主喜愛。徐熙嘗於嫌素上畫叢花、疊石，傍出藥苗，雜以禽鳥蜂蟬之妙，掛於宮中，謂之「鋪殿花」。③天水：指露水，一說雨水。傳說南唐宮中染碧，經夕露下，色彩鮮明，謂之「天水碧」。當時有人認爲天水是宋朝皇帝趙氏郡望，「天水碧」隱喻宋趙氏逼迫之意。

【**簡說**】這首絕句謂李後主醉心藝術與享樂，而中原趙氏王朝卻日見逼迫，含有諷諭之意。

其三

紅羅疊間白羅層，
檐角河光一曲澄①。
碧落今宵誰得巧②？
凌波妙舞月新升③。

〔**註釋**〕①檐角河光：據《五國故事》載：每到七夕之夜，李後主必命以紅白色羅綺百餘疋，豎爲月宮天河之狀。②碧落：天空。今宵：指七夕之夜。舊時七夕夜婦女穿針，稱爲乞巧。③凌波妙舞：南唐宮女窅娘，纖麗善舞。李後主嘗作金蓮高六尺，窅娘以帛纏足令纖小，屈上作新月狀。窅娘舞蓮花中，回旋有凌波之態。

〔**簡說**〕這首絕句詠李後主七夕賞月、觀舞遊樂之事，有諷諭之意。

瞿髯論詞絕句（二首）

吳省蘭

其一

淚泉洗面枉生才①，
再世重瞳遇可哀②。
喚起溫韋看境界③，
風花揮手大江來④。

［**註釋**］①淚泉洗面：李後主被俘後，曾寫信舊宮人云「此中日夕只以眼洗面」。②再世重瞳：傳說李煜初生，目中有雙瞳子。遇：境遇、遭遇。③溫韋：指溫庭筠、韋莊，均為《花間集》中詞家。④風花揮手：意謂告別專寫風花雪月之詞風。大江來，指蘇軾《念奴嬌》中「大江東去」豪放之詞句由此而生出。

［**簡說**］這首絕句對於李後主的遭遇表示同情，並認為後主詞之貢獻，在於

告別了專寫風花雪月的詞風，而開拓了豪放之境界。

其二

櫻桃落盡破重城①，
揮淚宮娥去國行②。
千古真情一鍾隱③，
肯拋心力寫詞經④！

［**註釋**］①櫻桃落盡：李後主《臨江仙》詞有「櫻桃落盡春歸去」句，又有「櫻桃落盡階前月」、「櫻桃落盡春將困」句，是「櫻桃落盡」爲春歸的象徵。破重城：指南城，指南唐都城金陵之陷落。②揮淚宮娥：李後主《破陣子》詞有「垂淚對宮娥」句。去國行：指離別故國，被俘北上。③鍾隱：李後主曾自稱「鍾隱」、「鍾山隱士」、「鍾峰隱者」等。④詞經：詞章之經典。

［**簡說**］這首絕句推許李後主對自然、對人生的一片摯情，譽爲「千古眞情

一鍾隱」，並讚美其作品爲詞苑之經典。

論李煜詞（三首）

夏承燾

其一

悲歡一例付歌吟，
樂既沈酣痛亦深①。
莫道後先風格異，
真情無改是詞心②。

〔**註釋**〕①「樂既沈酣」句，作者認爲：李後主前期寫歌舞宴樂之詞固然爲其眞摯情感全心的傾注，其後期痛悼哀傷之詞同樣爲其眞摯情感全心的傾注，故云②詞心：作詞之本心，精神。

〔**簡說**〕論李後主詞者，或分其詞爲前後兩期，以爲其風格、內容前後互異，前期以享樂、淫靡爲主，而後期多人生感傷之詞。葉氏所說，即針對此種議論而發。

其二

林花開謝總傷神①，
風雨無情葬好春。
悟到人生有長恨②，
血痕雜人淚痕新③。

〔**註釋**〕①「林花」句：李後主《烏夜啼》有「林花謝了春紅，太匆匆」之句，浸透其哀傷惋惜之情。②人生有長恨：同上《烏夜啼》有「自是人生長恨水長東」之句。③血痕：王國維《人間詞話》稱「後主之詞，眞所謂以血書者也」，言其情思之深，非尋常淺浮者可比。

〔**簡說**〕李後主之多情善感，在於由自然的啓發而及於人生的領悟，由個人的哀傷而及於人類的共感，所以後主詞具有了深沉而廣泛的人性蘊涵。

其三

凭闌無限舊江山①，
歎息東流水不還②。
小令能傳家國恨，
不教詞境囿《花間》③。

［**註釋**］①「凭闌」句：李後主《浪淘沙》詞有「獨自莫憑闌，無限江山」句，即此語所本。②「歎息」句：李後主詞中有「流水落花春去也」、「自是人生長恨水長東」、「恰似一江春水向東流」之句，皆詠「東流水不還」者。③「不教詞境」句：作者以爲李後主詞氣象開闊、眼界廣大，沈哀中有雄放之致，皆《花間》詞中所未見。

［**簡說**］這首絕句以《花間》詞所寫多局限於閨閣園亭之景，相思怨別之

情，而李煜詞抒寫人生之感、家國之恨，興象闊大，有沉雄奔放的氣度，故曰「不教詞境囿《花間》」也。

葉嘉瑩

李後主的人生哲學—浪漫人生　　中國人生叢書16

主　　編／揚　帆
著　　者／李中華
出 版 者／揚智文化事業股份有限公司
發 行 人／林智堅
副總編輯／葉忠賢
責任編輯／賴筱彌
執行編輯／賀　芹
地　　址／台北市新生南路三段88號5樓之6
電　　話／（02）366－0309　366－0313
傳　　眞／（02）366－0310
登 記 證／局版臺業字第4799號
印　　刷／偉勵彩色印刷股份有限公司
初版一刷／1996年5月
ISBN／957－9272－55－7
定　　價／250元

南區總經銷／昱泓圖書有限公司
地　　址／嘉義市通化四街45號
電　　話／（05）231－1949　231－1572
傳　　眞／（05）231－1002

國家圖書館出版品預行編目資料

李後主的人生哲學：浪漫人生／李中華著．－－初版．
－－臺北市：揚智文化，1996〔民85〕
面；公分．－－（中國人生叢書；16）
ISBN 957－9272－55－7（平裝）

1．（五代）李煜－傳記　　2．人生哲學

782.848　　85003207